旧format グングン! TOEIC Test
—パーフェクト編—

中村紋子

水文科学シリーズ 内藤玲子
編集協力   編集責任

まえがき

昨年の1月12日に、私の初めての著書である「1日1分レッスン！ TOEIC Test」が発売されました。

発売後すぐに、丸善丸の内本店や紀伊國屋書店新宿南店で文庫部門での売上げ1位になり、その後も順調に売れ続け、発売1年で8万部以上の売上げ達成という幸運に恵まれました。

読者の方々が新たに私のメールマガジンの読者になってくださったり、私が主宰するセミナーや教室にも参加してくださったりと、本のおかげで活動の場が大きく広がりました。

また、昨年の「AERA English」11月号のTOEIC改変の特集では、TOEICの専門家として名だたる先生方と一緒に、私の写真とコメントが掲載されました。1月号からスタートした連載「前田健のTOEICでブラッシュアップ大作戦」では、タレントの前田健さんの勉強の指南役として登場させていただいております。

これらはすべて、前書をお求めくださった多くの皆様のおかげだと感謝しております。本当にありがとうございます。

祥伝社の担当編集者とは、第2弾の出版を早々に決めましたが、その矢先に、思いがけない事態が起きました。

昨年7月に突然、「公開TOEIC Test」の改変が公式に発表されたのです。読者の皆様にとっても、青天の霹靂だったと思います。

私も驚きましたが、同時に、その最新情報を第2弾にできるだけ取り込みたいと考えました。

発表翌日には、出版社を集めての説明会が東京で行なわれましたので、私も参加いたしました。

TOEIC の作成機関であるアメリカの ETS（Educational Testing Service）から Duke さんが来日し、改変に関する丁寧な説明が行なわれました。さらに説明会終了後に、Duke さんに直接質問に行き、改変後のテストの内容について、個人的にいろいろお聞きしました。

そのあたりのことは「新 TOEIC テストについて」にまとめています。

さらに、昨年 12 月後半には、改変のサンプルテストとして ETS から「新公式問題集」が発売されました。

7 月の TOEIC 改変に関する説明と、新公式問題集等の研究を重ねたうえで、新 TOEIC テストのパート（5）と（6）に沿った問題を作成しました。新パート（6）に対応した問題は、本書の 7 章に掲載しています。

私は 2003 年 9 月から、出題傾向研究のため、毎回公開 TOEIC テストを受験しています。19 回連続で受け続けたことになります。それも手伝い、新 TOEIC テストで改変後のパート（6）の出題問題の見当をつけることは、さほど難しくはありませんでした。

前書は私が 2003 年 6 月から発行しておりますメールマガジン「時間のないあなたに！　即効 TOEIC250 点 UP」から問題を厳選したものです。今回は、メールマガジンに掲載した問題も取り上げてはいますが、それ以外に教室やセミナー、インターネット上で繰り広げている有料サービス等で使用している問題も一部加えております。Duke さんの説明では、パート（5）は従来通りの内容で文法問題半分、語彙問題半

分、ということでしたので、従来の問題を中心に、さらに改変前のパート（6）に頻繁に取り上げられていた問題で改変後にパート（5）の問題として形を変えて出題されそうなものを、パート（5）の問題として作成し直して加えています。

　今回の本も、前作同様皆様の勉強のお役に立つものと信じております。本書「1日1分レッスン！　TOEIC Test」パワーアップ編を、前作に続きよろしくお願いいたします。

2006年1月
中村澄子

Contents

まえがき ・・・・・・・・・・・・・・・・・・・・・・ 003

新TOEICテストについて ・・・・・・・・・・・・ 008

読者の声、ご紹介します ・・・・・・・・・・・・・ 012

この本の使い方 ・・・・・・・・・・・・・・・・・・ 016

〈1〉簡単、でもなぜかミスしやすい問題 ・・ 017

さらに得点UP! 文法問題攻略のポイント ・・・・・ 063

〈2〉重要! よく出る問題 ・・・・・・・・・・・ 065

さらに得点UP! リーディングセクション―最近の傾向 119

〈3〉時々出るが、大事な問題・・・・・・・・ 121

さらに得点UP! リスニングセクションの勉強法・・・ 183

〈4〉忘れたころに出る重要問題・・・・・・ 185

さらに得点UP! モーテイベーション維持の工夫・・ 233

〈5〉ちょっと難しい問題・・・・・・・・・・・ 235

さらに得点UP! ちょっとユニークな勉強方法・・・・ 255

〈6〉押さえておきたい単語・熟語・・・・・ 257

さらに得点UP! IPテスト、今の傾向・・・・・・・・ 307

〈7〉ここさえわかれば、新テストも怖くない 309

索引・・・・・・・・・・・・・・・・・・・・ 324

新 TOEIC テストについて

　2006 年 5 月から、公開 TOEIC テストの内容が大きく変わります。IP テストは 1 年遅れて 2007 年からのスタートで、あと 1 年は今までの内容でのテストです。

　今回の改変は、「実際のビジネスの現場での英語の処理能力を測るテストにする」ためだそうです。

　改変に先立ち、2005 年 7 月に出版社を集めて説明会が行なわれ、テスト作成機関であるアメリカの ETS から Duke さんが来日し、改変について詳細な説明が行なわれました。私も出版社から頼まれ、出席しました。

　新 TOEIC テストの内容と対策を、簡単にまとめてみます。

《リスニングセクション》

　今までのテストとの大きな違いは、従来のテストのようにアメリカ人だけでなく、カナダ人、イギリス人、オーストラリア人（あるいはニュージーランド人）がそれぞれ 4 分の 1 ずつしゃべるという点です。実際の社会では、アメリカ人の英語だけではなくいろいろな国の人の英語が飛び交っているからとの理由によるものです。

　また、極端にアクセントの強い人は使わないということです。

【パート (1)】
　今までと同じ内容ですが、問題数が半分の10問に減ります。
【パート (2)】
　内容も、問題数も、今までと同じで 30 問です。

【パート (3)】

　今までのテストは会話1つに設問が1つでしたが、新しいTOEICでは会話は全部で10題に減り、それぞれに設問が3つずつになります。

　今までのテストでは会話はすべて、A → B → A という流れでしたが、A → B → A → B の流れの問題が大半になります。中には一部 A → B → A もあります。

　聞くことに集中させるため、会話文に続いて設問文も英語で読まれます。先読みとリスニングの間で混乱する人が多そうですが、英語で読まれる設問文はある程度聞き流し、従来通り設問文（可能であれば選択肢も）の先読みに力を注いでください。設問文が3つに増えるため、選択肢の先読みができていれば、会話の内容の推測ができます。

【パート (4)】

　今までのテストでは20問でしたが、30問に増えます。英文それぞれに設問数3問ずつの問題が10題です。設問数が3問に増えるため、問題数が10題に減ります。

　パート (3) と同様、設問文は英語でも読まれます。

　戦略はパート (3) と同じで、英語で読まれる設問文はある程度聞き流してください。従来通り、設問文の先読みができるかどうかが鍵になります。

　パート (3)(4) ともに言えることですが、設問文の英語をきちんと聞こうと設問文の英文が流れて来るのを待っていると、先読みのタイミングを逸してしまいます。問題集を使って、先読みと設問文の聞き流しのタイミングの練習をしてください。

《リーデイングセクション》

今までのテストとの大きな違いは、パート (6) の正誤問題がなくなり、空欄補充問題となることです。

パート (7) の長文読解問題の問題数が増え、従来通り「1つの英文に設問付き」のタイプの問題だけでなく、「2つの英文に設問付き」のタイプの問題が4題新しく加わります。

【パート (5)】

内容も、問題数も、今までどおりで問題数は合計40問です。今までと同じく、文法問題が半分、語彙問題が半分です。

【パート (6)】

今までにパート (7) の長文読解問題に出ていた、メール、手紙、記事、広告文等の少し長めの文章が3題出ます。それぞれに穴埋め箇所が4箇所ずつあるので、全部で12問です。

語彙問題が多いですが、文法問題も一部含まれます。全文を読まなくても空欄が含まれる一文だけ読めば解ける問題もあれば、前後の文章を読んでつながりを考えて解かなければならない問題もあります。

語彙力以外にも、文法的な理解、速読力、読解力等が求められます。

【パート (7)】

問題が「1つの英文に設問付き」のタイプと、「2つの英文に設問付き」のタイプの2種類に分かれます。問題数も今までの40問から48問に増えます。英文が今までのテストに比べると長文化します。

設問の中に、「英文中に使われている単語と近い意味の単

語を選べ」というタイプの語彙問題が新たに加わります。

問題数は、「1つの英文に設問付き」の問題が28問です。それぞれ2～4問ずつの設問が付いた問題が7題から10題です。
「1つの英文に設問付き」の問題の出題パターンは従来通りですが、従来の問題に比べると英文が長くなります。「2つの英文に設問付き」の問題は、それぞれに5問ずつの設問が付いた問題が4題で合計20問です。
「2つの英文に設問付き」の問題では、それぞれの設問のヒントがどちらの英文にあるのかを判断しなければならないので、ぎりぎりの時間で解いている人はパニックに近い状態になります。
「1つの英文に設問付き」の問題は、わかりにくい問題は精度を下げてでも早い速度で解き、早めに「2つの英文に設問付き」に入り、時間が余れば「1つの英文に設問付き」に戻り精度を下げた問題を見直す、という方法もいいかもしれません。

《総合》
　中心的な特性、スコアの計算方法、テストの難易度ともに、今までのテストのままとの説明でしたが、読解力のない方、リスニング力のない方にとっては厳しくなるでしょう。
　普段からビジネス関連の英文を聞き、読む、習慣をつけることがより重要になります。

読者の声、ご紹介します

　本書の著者である中村澄子先生は、メールマガジン「時間のないあなたに！　即効 TOEIC250 点 UP」を発行する傍ら、TOEIC 講師として、大手企業やセミナーなどで「効果的に点数をアップさせる」と絶大な評価を得ています。

　本書は、そんな中村先生の、ノウハウのエッセンスを集めた1冊といえます。

　セミナー受講生や前作の読者の方たちに、その魅力と効果を語っていただきました。参考にしていただけますと幸いです。（編集部）

● TOEIC 最新トレンドは、ここでしか手に入らない！
　大手英語スクールをはじめ、いろいろな TOEIC 講座に顔を出してみましたが、中村先生の講座が内容・価格ともにピカイチです。信じられないかもしれませんが、大半のスクールの TOEIC 講師は、実際の公開テストを年に一回も受験していないのが現状です。受験英語の文法の延長、または市販の TOEIC 教材をみて解説するだけなのです。しかし、中村先生は、毎回 TOEIC をご自身で受験され、その内容から、常に最新トレンド満載の講義を行なわれています。本当に TOEIC の点数を上げたいのなら、必見です。
　（神奈川県・大手電気メーカー勤務　Y さん　41 歳男性）

● 395 → 半年で 765（370 点 UP）!!　大学の規定をクリアし、英語教師への扉が開けました。もちろん自身の努力も必要です。しかし中村先生という「きっかけ」がなかったら、ここまで辿り着けなかったと思っています。セミナーも強

烈でしたが、その後、電話やメールでの相談に気軽に乗ってくださるなど、気さくな人柄にとても感謝しております。
　　　　　　（埼玉県・慶應義塾大学4年　Nさん　23歳男性）
●突然受けざるを得なくなったTOEIC対策にと、偶然手にした1冊の文庫本。試験のわずか1週間前に買ったこの本はまさに「目からウロコ」でした。はるか13年前「といっく？」状態で570、その後13年間英語に触れたこともない私が1週間この本をナナメ読みしただけで660！……「目からウロコ」の勢いで思わず通い始めたクラス……4ヵ月後には745でした。でも本当の「目からウロコ」……それは先生の美しさだったのです！

　　　（神奈川県・大手電気メーカー勤務　Aさん　37歳男性）
●本屋さんで、ふと手に取った緑色の文庫本。今までのTOEIC攻略本にはないノウハウの数々に感激し、メルマガの読者になり、さらに9月10月の毎週土曜日、東京・八重洲の中村教室に通いました。教室が半分終わったところで公開テストを受験してみたところ、自己最高を80点上回る860をGETできました。自分ではもう少し高得点が狙えると思っているので、しばらくの間は継続して受験しようと考えています。中村教室はTOEIC界の「ドラゴン桜」です。

　　　（東京都・大手電気メーカー研究員　Sさん　42歳男性）
●700点代後半から伸び悩んでいた私は、書店に並ぶTOEICの本を読んだり、いろんな通信教育を受講したりしていました。しかし、点数に変化はありませんでした。そんな中、中村先生のメルマガに出会い、先生の教材も知り、わらをもつかむ思いで購入しました。先生に教えていただいた勉強方法や励ましのおかげで、悩んでいた時期から1年

足らずで870点獲得できました(リスニングは、何と満点です!!)。今は900点台を目指して、毎日問題を繰り返し復習しています。　　　　(愛媛県・主婦　Yさん　34歳女性)
●高校の英語教員です。最近研修制度が導入されTOEIC受験の必要性が出てきました。昨年試しに受験したところ思うような点数が出ず、これじゃまずいなあと思っていたときに先生の本に出会い、メルマガに出会い、そしてセミナーに出会いました。目から鱗&コンタクトが落ちるくらいの衝撃でした！　ラッキーだったと思います。おかげでその後一気に95点UP！　今はさらなる高得点を目指すべく、先生について元気に突っ走っている毎日です。
　　　　　(茨城県・公立高校教師　Hさん　37歳女性)
●人生の分岐点である就職活動において、世界で活躍する場を求めていた私には、英語力が問われることは必須でした。中村先生の開くセミナーへ参加し、高得点者から受ける刺激、厳選された教材とテクニックの教授を受け、就職試験までの半年間で430点から790点まで、スコアを伸ばすことができました。最終的な商社内定という結果は、中村先生の蓄積された指導法と人間性の賜物であり、感謝の気持ちでいっぱいです。
　　　　　(東京都・早稲田大学院生　Sさん　24歳男性)
●過去のスコアはL380、R250、合計630でした。6月のリーディングセミナーに参加し衝撃を受けました。先生の早口の解説が、頭の中に染みこむ感じでした。大量の問題を実際のスピードで解くので傾向がはっきり見えました。「セミナーの教材だけ勉強すればよい」という教えに従い、両面コピーし、通勤電車の中で時間を計って復習しました。時間が取れず3回がやっとでしたが、セミナーから1ヵ月

後の7月に、L395、R360、合計755（125点up!）になりました。（茨城県・大手製薬会社勤務　Sさん　34歳女性）
●中村先生のセミナーで薫陶（くんとう）を受けたものとして、2点自信をもって申しあげます。「学問に王道はないがTOEICには近道あり」そして「信じるものは救われる」です。中村先生は目的のための近道を、明確にさし示してくださいます。先生の指導法をひたすら愚直に守っただけで110点も上がり、社費留学を決めた私が言うのだから間違いありません。みんなで中村先生を信じ、目的のためのステップを短期決戦でクリアしてしまいましょう！

（東京都・大手証券会社勤務　Nさん　37歳男性）
●まず驚いたのは、授業の内容の濃さ！　そして勉強法は、これだけでいいの！?　と今までの概念を打ち破るものでしたが、教わったことだけを繰り返し行なっていると、これまでは呪文のように耳を通り抜けていったリスニング問題が、答えが見えてくるようになりました。教室受講7週後にTOEICを受験しましたが、その結果、700点台に！前回から300点近くアップしたのだから、中村先生には大感謝です。　　　　　（東京都・会社員　Sさん　27歳女性）
●直前対策セミナーは、予想問題を出題頻度順に、1題25秒以内で解くように繰り返され、5時間でかなりの問題数をこなす。さらに、セミナー後にもメールで追加問題と個別の相談やアドバイスがあり、そのフォローのよさには脱帽しました。公式問題集の模擬試験などから600点程度と予想していましたが、セミナー1週間後のまったく初めてのTOEIC受験で745点（L370、R375）。この結果には自分でも驚き、実践的な内容のセミナーの効果を実感しました。

（北海道・医師　Fさん　51歳男性）

この本の使い方

【奇数ページ】
TOEICでの実力を大幅にアップする問題を厳選し、出題しています。
単語の意味……出題の英文を読むために、おさえておきたい単語を発音記号つきで説明しています。

【偶数ページ】
チェック欄……答えの右側においています。できたら○、できなかったら×を書きます。繰り返し解きましょう。
解説……日本人が間違えやすいポイント、トリックなどについて、詳しく説明しています。特に注意すべきことがらについては、〈重要〉〈注意〉などで解説しています。
問題文の訳……奇数ページの問題文の、標準的な日本語訳を示しています。
ポイント……各章ごとに「もう間違えない! このポイント」「絶対に押さえておきたいポイント」「必ず押さえておきたいポイント」「しっかり押さえておきたいポイント」「難しいが押さえておきたいポイント」「押さえておこう、この単語(熟語)」と題して、重要ポイントを短くまとめています。試験直前にここをまとめて見るだけでも力がつきます。
TOEIC重要単語の紹介……問題文の中で、特に重要な単語を厳選して紹介しています。

【索引】
巻末にあります。重要単語の索引です。チェック欄もありますので、単語学習の総整理などにお使いください。

1

簡単、でもなぜかミスしやすい問題

簡単そうな問題に、思いがけないトリックが隠されていることがあります。TOEIC テストの問題を作成している ETS の罠に、引っかかってはいませんか。問題を繰り返し解いて、確実に解けるようにしましょう。

第1問

●次の選択肢の中から正しいものを選びなさい。

We have received the total amount, half of (　) will be donated to charity.

Ⓐ what

Ⓑ which

Ⓒ whose

Ⓓ where

【単語の意味】

total amount ……………………総額
donate [dóuneit] ……………………寄付する
charity [tʃǽrəti] ……………………チャリティー、慈善事業

〈答え〉 Ⓑ which

〈解説〉

関係代名詞の問題です。この関係代名詞の先行詞は the total amount です。

空欄前後を関係代名詞を使わないで書き換えると、half of the total amount will be donated ～ という英文になります。ですから、関係代名詞の目的格を入れれば正解になります。先行詞のすぐ後に関係代名詞を置くのではなく、間に「half of」を入れて文章を少し複雑にし、間違わせようと狙って英文を作成しています。前置詞の後ろには、関係代名詞の目的格がきます。覚えておきましょう。

〈注意〉

先行詞は the total amount です。先行詞 the total amount のすぐ後ろに関係代名詞を入れる場合は間違えないのですが、この問題のように関係代名詞の前に half of などの表現が入るとわからなくなる人が増えます。そこを狙った問題です。実際に何度か出題された問題です。

〈問題文の訳〉

我々は全額を受け取り、その半額をチャリティーに寄付するつもりです。

―――― もう間違えない！　このポイント ――――

先行詞と関係代名詞の間が離れていても、何が先行詞なのかを見極めてください。

TOEIC 重要単語の紹介 (問題から)

amount 量(額)	donate 寄付する

第2問

● 次の選択肢の中から正しいものを選びなさい。

Your proposal will be received (　　) by the authors than the original proposal if you make the suggested alterations.

- Ⓐ enthusiasm
- Ⓑ more enthusiastically
- Ⓒ enthusiastic
- Ⓓ enthusiastically

【単語の意味】

proposal [prəpóuzl] ……………… 提案
enthusiastically [enθ(j)ùːziǽstikəli] 熱心に、熱狂的に
authority [əθɔ́ːrəti] ……………… 専門家、権威（者）、当局
suggest [sʌɡdʒést] ……………… 提案する
alteration [ɔ̀ːltəréiʃən] ……………… 変更、改変

〈1 簡単、でもなぜかミスしやすい問題〉 **021**

〈答え〉

Ⓑ more enthusiastically

できたら…………○
できなかったら…×

〈解説〉

比較級の問題です。空欄のすぐ後ろに「than」があればすぐに「比較級の問題だ」と気付くのですが、間違わせようとわざと、「than」の位置を少し離し、間に数語挿入している場合が多いです。この問題も空欄の少し後ろに「than」があります。TOEIC は時間のない中で解くため、きちんと後ろまで見ない人が多く、簡単ですが間違えやすい問題です。
選択肢にⒷのように比較の形があれば、少し離れた場所に「than」がないかどうかチェックしましょう。

〈問題文の訳〉

提案されたような変更をすれば、あなたの提案は最初の提案より熱狂的に、専門家に受け入れられるでしょう。

――――もう間違えない！　このポイント――――

主な比較構文は、
(a) 比較級 + than
(b) less + 原級 + than
(c) as ～ as （「as +（形容詞 / 副詞の）原級 + as」）
の 3 つです。
この問題で取り上げた構文は (a) の、比較級 + than の形で問題自体は簡単ですが「than」の位置を少し離している場合が多いので、必ず少し後ろまでチェックしましょう。

TOEIC 重要単語の紹介 (問題から)

proposal 提案	**authority** 専門家、権威(者)、当局
suggest 提案する	**enthusiastic** 熱心に、熱狂的に

022

第3問

●次の選択肢の中から正しいものを選びなさい。

The Hokkaido-based regional bank admitted that it was unable to repay depositors after unsuccessful attempts to boost (   ) capital base.

Ⓐ their

Ⓑ it's

Ⓒ its

Ⓓ theirs

【単語の意味】

regional bank ……………………地方銀行
admit [ədmít] ……………………認める
repay [ripéi] ……………………返済する、返金する
depositor [dipázətər] ……………預金者
boost [bú:st] ……………………増やす、引き上げる
capital [kǽpətl] …………………資本の、資本(金)

〈1 簡単、でもなぜかミスしやすい問題〉 023

〈答え〉 Ⓒ its

できたら…………○
できなかったら…×

〈解説〉
代名詞の問題です。資本の増強をしようとしたのは「地銀（regional bank－単数）」ですから、単数名詞の所有格代名詞の its が入ります。

〈頻出問題＆トリック問題です〉
空欄の少し前に、depositors や（unsuccessful）attempts という、複数名詞が置かれているため、their が正解だと思った方がいらっしゃるのではないでしょうか。間違いを誘おうと、わざと近くに複数名詞を置いている場合が多いのです。実際には少し離れた場所にある regional bank（単数名詞）を指します。このように代名詞が指す可能性のある名詞が2つ以上ある問題の場合、代名詞から少し離れた場所もチェックしましょう。
代名詞の問題は毎回数問ずつ出題されますが、このタイプの問題はほとんど毎回出題されています。代名詞の問題自体は簡単なのですが、この問題のようにトリックを使って間違いを誘おうと作成されている問題には気をつけてください。

〈注意〉
代名詞の問題では、その代名詞が何を指すのかに注意してください。また、「代名詞の格が間違っていないかどうか」もチェックしてください。

〈問題文の訳〉
資本の増強に失敗した後、北海道に本社を置く地銀は預金の払い戻しができないことを認めました。

――――― **もう間違えない！　このポイント** ―――――
代名詞の問題で、前に出てきた名詞を指す場合、指すかもしれない名詞が2つ以上置かれている場合が多くあります。空欄の直前をチェックするだけでなく、さらに前に指す名詞がないかどうかチェックしましょう。

TOEIC 重要単語の紹介(問題から)

admit　認める	depositor　預金者
capital　資本の、資本(金)	

第4問

●次の選択肢の中から正しいものを選びなさい。

You will be ( ) tomorrow morning by the security department in order to make an ID card.

Ⓐ photographing

Ⓑ photographed

Ⓒ photograph

Ⓓ photographedly

【単語の意味】

security [sikjúərəti] ……………………………警備、安全

〈答え〉Ⓑ photographed

できたら…………○
できなかったら…×

〈解説〉

受動態の問題です。空欄の直前が be 動詞になっていて、かつ少し後ろに by があります。この時点で受動態ではないかと疑ってください。

〈注意〉

be 動詞の後ろだからということで、Ⓐの photographing を選ぶ人が結構います。TOEIC は時間のない中で解くため、他の選択肢をきちんとチェックしないで先に進むからです。この英文のように問題文が短い場合には、確認のために全文を読んで、主語と動詞の関係を考え、受動態なのか、進行形なのかをチェックしてもいいかと思います。受動態の問題はよく出ます。よく出るということを覚えていれば、すぐに進行形を選ぶということもなくなります。簡単な問題なので必ず GET してください。

〈問題文の訳〉

ID カード作成のために、保安部が明朝あなたの写真をとるでしょう。

――――もう間違えない！ このポイント――――

受動態がらみの問題はよく出ます。形は「be 動詞＋過去分詞」です。
急いで解くため、間違って進行形を選ぶ人がいます。英文の意味を考えましょう。

TOEIC 重要単語の紹介(問題から)

security 警備、安全

第5問

● 次の選択肢の中から正しいものを選びなさい。

Because our sales in China have been increasing, we will achieve our goal (　) three years.

Ⓐ on

Ⓑ in

Ⓒ for

Ⓓ with

【単語の意味】

sales [séilz] ……………………………売上(高)
achieve a goal ………………………目的を達成する

〈答え〉 Ⓑ in

できたら…………○
できなかったら…×

〈解説〉

前置詞の問題です。簡単そうですが意外と間違える人が多いのが前置詞の問題です。一つずつ復習をして覚え直すしかありません。この英文の場合、「～で、（現在から数えて）～後に」という意味の「in」を使えば意味が通じます。

時を表す前置詞の基本は、

*一時点を表す場合は、「at」（何時何分、正午、夜中など）
*期間を表す場合は、「in」（週、月、四季、年など）
*特定の日、曜日などを表す場合は「on」

です。

時を表す前置詞の問題、特に時間の経過を表す前置詞の「in」はよく出ます。3年「で」売上が倍になる、1週間「で」出張から戻ってくる、などすべて「in」を使います。なぜか間違える人の多い問題です。使い方を覚えましょう。

〈問題文の訳〉

中国での売上高が伸びているので、3年で目的を達成するでしょう。

―――― **もう間違えない！　このポイント** ――――

「～で、（現在から数えて）～後に」という場合には「in」を使います。for を選ぶ人が多いのではないでしょうか。

TOEIC 重要単語の紹介(問題から)

sales　売上(高)

第6問

● 次の選択肢の中から正しいものを選びなさい。

Mr. Sato continues to send many documents by fax (   ) the fact that e-mail is much more convenient.

Ⓐ in spite

Ⓑ though

Ⓒ however

Ⓓ despite

【単語の意味】

document [dάkjəmənt]‥‥‥‥‥‥‥‥‥‥‥‥‥‥書類
convenient [kənvíːniənt]‥‥‥‥‥‥‥‥‥‥‥‥‥便利な

〈1 簡単、でもなぜかミスしやすい問題〉 **029**

〈答え〉 ⓓ despite

できたら…………○
できなかったら…×

〈解説〉

despite と though (although) の問題です。空欄の前と後では相反する内容になっています。また、この英文の場合、空欄の後ろは名詞句になっています。ですから、前置詞の「despite」が正解になります。

「the fact that ～」の that は、後ろにくる節が fact と同格となる働きをし、「～という事実」という意味の名詞句になっています。

〈重要〉

文章をきちんと見ていない人は、空欄の後ろが節（S + V）になっている、と勘違いしてⓑの though を選んでしまいます。確かに that 以下は節（S + V）になっていますが、よく見ると実は、「～するという事実」という意味の名詞句です。間違えないようにしましょう。

頻繁に出題される問題なので、以下のパターンをしっかり覚えておきましょう。

＊後ろに節がくる場合は、TOEIC ではたいてい以下の選択肢のいずれかです。「although」「though」「even though」「even if」
＊後ろに名詞（句）がくる場合は、TOEIC ではたいてい以下の選択肢のいずれかです。「despite」「in spite of」

〈問題文の訳〉

佐藤氏は e メールがずっと便利であるのにもかかわらず、多くの書類をファックスで送り続けています。

──── もう間違えない！ このポイント ────

「～にもかかわらず」という意味の語を入れる問題では、
＊後ろに節がくる場合は、TOEIC ではたいてい「although」「though」「even though」「even if」のいずれかです。
＊後ろに名詞(句)がくる場合は、TOEIC ではたいてい「despite」「in spite of」のいずれかです。

TOEIC 重要単語の紹介 (問題から)

convenient 便利な

第7問

●次の選択肢の中から正しいものを選びなさい。

Mainly (　　) falling imports, Italy's current account deficit dropped to $50 billion in 2004, compared with $75 billion in 2000.

Ⓐ because

Ⓑ owing

Ⓒ because of

Ⓓ since

【単語の意味】

import [ímpɔːrt]····················輸入
current account ···············経常収支
deficit [défəsit]····················赤字

〈答え〉 ⓒ because of

でき たら…………○
できなかったら…×

〈解説〉

because/because of の問題です。

「because of」は、「〜の理由で、〜のせいで、〜のおかげで」という意味です。

「because of」は、「thanks to」や「due to」とほぼ同じ意味です。これらは前置詞句なので後ろには名詞(句)しかとれません。一方「because」は接続詞です。接続詞なので、後ろには節(S + V)がきます。

空欄の後ろは falling imports で、節ではなく名詞(句)です。ですから、「because of」で正しい英文になります。

〈注意〉

because of という表現は知っていても、because of の前に「mainly」のような副詞がつく表現に慣れていない人が思いのほか多いです。この問題でも、空欄の前に Mainly がついているために間違えるのです。because of に mainly をつけて、mainly because of という言い方はよくします。普段から英文を読んでいると、出てくる表現なので mainly のような副詞がついていても間違えることはないでしょう。

〈問題文の訳〉

主に輸入の減少により、2000 年には 750 億ドルだったイタリアの経常赤字は、2004 年には 500 億ドルに減少しました。

──────もう間違えない！　このポイント──────

「なぜなら」、「〜のおかげで」という意味の英文にしたい場合、後ろが節なのか、名詞(句)なのかを最初に見ます。後ろが節の場合は「because」、後ろが名詞(句)の場合には「because of」「thanks to」「due to」のいずれかを選びます。

TOEIC 重要単語の紹介(問題から)	
import　輸入	deficit　赤字

第8問

● 次の選択肢の中から正しいものを選びなさい。

The new director of marketing (　　) was promoted came not from the sales staff but from the technical staff.

Ⓐ which

Ⓑ whom

Ⓒ what

Ⓓ who

【単語の意味】

promote [prəmóut] ……………………………… 昇進させる

〈答え〉Ⓓ who

できたら…………○
できなかったら…×

〈解説〉

関係代名詞の問題です。空欄に入る関係代名詞の先行詞は the new director で、marketing ではありません。director は人なので関係代名詞の「who」を入れます。

関係代名詞が後ろに続く文の主語の働きをしているので主格の who が入ります。格を間違えないようにしましょう。また、空欄直前にわざと marketing(人でない名詞)を置いて間違わせようとしています。本当の先行詞が人なのか物なのかにも注意してください。

〈注意〉

空欄の直前が「marketing」と物になっています。「先行詞が marketing」と思った人はⒶの which を選んだはずです。先行詞は「marketing」ではなく、前置詞 of の前の「the new director」です。時々このようなトリックが使われます。

〈問題文の訳〉

昇進した新しいマーケティングディレクターは、販売部ではなく技術部出身でした。

――もう間違えない！ このポイント――

関係代名詞が後ろに続く文の主語の働きをしているので主格の who が入ります。先行詞を関係代名詞の直前に置かずに、前置詞の of を使って少し離れた場所に置いています。間違わせようとするためです。トリックにひっかからないようにしましょう。

TOEIC 重要単語の紹介(問題から)

promote　昇進させる

第9問

●次の選択肢の中から正しいものを選びなさい。

The ABC Corporation was one of the first leading Japanese companies to start selling its core products (　) the internet.

Ⓐ in

Ⓑ beyond

Ⓒ through

Ⓓ towards

【単語の意味】

core products ·· 主力製品

〈答え〉 Ⓒ through

できたら…………○
できなかったら…×

〈解説〉
前置詞の問題です。前置詞 through は「～経由で、～を通して」という意味があります。この英文は「インターネット経由で」と言いたいわけですから、through が正解となります。また、over や via や on が選択肢にあれば、それも正解となります。実際の TOEIC テストで出題されたことのある問題です。日頃から英語に触れている方にとっては簡単な問題です。新聞記事やニュース等には「through internet」という表現はよく出てきます。
ラジオ番組の「やさしいビジネス英会話」などにも出てきそうな表現です。
前置詞の問題は、毎回数問ずつ出題されます。日頃から意識して前置詞の使い方をチェックしておくといいですよ。

〈重要〉
外資系企業などで、in the internet と「in」を使っているところもあるようですが、正確には「in」は使えません。TOEIC テストを作成している ETS の基準で「正しい言い方」と考えている英語が正解となります。実際のテストでも間違いの選択肢に「in」がありました。

〈問題文の訳〉
ABC 社は、その主力製品をインターネット経由で販売し始めた最初の大手日本企業の一つでした。

————もう間違えない！　このポイント————
「インターネット経由で」と言う時には、through、over、via、on のいずれかを使います。

第10問

● 次の選択肢の中から正しいものを選びなさい。

The report was so good that Susan's boss thought that she had downloaded the information from the internet, but in reality she had spent much time on analysis and had done the report by (　).

Ⓐ herself

Ⓑ her

Ⓒ hers

Ⓓ she

【単語の意味】

download [dáunlòud]
　　……ダウンロードする、(データやメッセージを)取り込む
in reality ……………………………………実際には、現実には
analysis [ənǽləsis] ………………………分析

〈1　簡単、でもなぜかミスしやすい問題〉 **037**

〈答え〉 Ⓐ herself

できたら…………○
できなかったら…×

〈解説〉
代名詞の問題です。選択肢Ⓐ〜Ⓓの語はいずれも代名詞です。空欄が含まれる節を訳してみてください。「彼女は分析に多くの時間をかけて自分でレポートを仕上げた」です。空欄に入る人（彼女）と、この英文（節）の主語（彼女）が同じなので、her ではなく再帰代名詞の herself を使います。「by ~ self」（独力で）で覚えてもいいのですが、by ~ self の by は省略でき、省略されて出題されることがあるので、その場合わからなくなります。

〈注意〉
代名詞の目的格の her を選ぶ人が多い問題です。空欄に入る人と、この英文（節）の主語が同じかどうかチェックしましょう。同じ場合には self のつく再帰代名詞を選びます。

〈問題文の訳〉
スーザンのレポートが大変素晴らしかったので、スーザンのボスは彼女がインターネットから情報をダウンロードしたと思っていましたが、実際は彼女は分析に多大の時間をかけ彼女自身でレポートを書き上げたのです。

---------- もう間違えない！　このポイント ----------

by her なのか、by herself なのか、迷ったら、空欄に入る人と、その英文（節）の主語が同じかどうかを見ましょう。同じ場合には self のつく再帰代名詞が正解となります。この問題の場合は、「by ~ self」（独力で）で覚えてもかまいません。

TOEIC 重要単語の紹介(問題から)
analysis　分析

第11問

●次の選択肢の中から正しいものを選びなさい。

The Farewell Corporation warned that operating profits in the full year would be lower than initially predicted, (　　) the difficult market conditions in China.

Ⓐ because

Ⓑ owing

Ⓒ as

Ⓓ due to

【単語の意味】

warn [wɔ́:rn]	予告する、警告する
operating profit	営業利益
full year	通年
initially [iníʃli]	最初に
predict [pridíkt]	予想する
market condition	市場環境

〈1　簡単、でもなぜかミスしやすい問題〉 039

〈答え〉 ⓘ due to

できたら…………○
できなかったら…×

〈解説〉

due to の問題です。「due to」は、「because of」や「thanks to」とほぼ同じで「〜のおかげで、〜によって」という意味です。これらは前置詞句なので後ろには名詞（句）しかとれません。一方、because や as や since は接続詞なので後ろには節（S + V）がきます。

〈注意〉

選択肢をパッと見ただけですぐに「because」を選んでしまう人が多いです。「because of」は知っていても「due to」は知らないという人が意外にいます。「because of」だけでなく、「due to」や「thanks to」も一緒に覚えておきましょう。

〈問題文の訳〉

中国の厳しい市場環境のせいで、通年の営業利益は当初の予想を下回るだろうと、フェアウェル社は予告しました。

――――もう間違えない！　このポイント――――

「due to」は、「because of」や「thanks to」とほぼ同じで「〜のおかげで、〜によって」という意味で、後ろには名詞（句）がきます。

TOEIC 重要単語の紹介（問題から）

warn　予告する、警告する　　predict　予想する

第12問

●次の選択肢の中から正しいものを選びなさい。

We are considering (　　) our office so that the staff can do their work more efficiently than before.

Ⓐ redesigning

Ⓑ redesigned

Ⓒ to redesign

Ⓓ redesign

【単語の意味】

consider [kənsídər] ……………………よく考える、熟考する
efficiently [ifíʃəntli] ………………………効率的に

〈答え〉 Ⓐ redesigning

できたら…………○
できなかったら…×

〈解説〉
動名詞と不定詞の問題です。他動詞には、目的語に「動名詞しかとれない他動詞」と、「不定詞しかとれない他動詞」と、「両方ともとれる他動詞」があります。
また、両方とれる他動詞の中にも、意味が同じものもあれば、意味が異なるものもあります。英語を使いなれていない人は一つずつ覚えていくしかありません。
「consider」は動名詞しかとれない他動詞です。

〈注意〉
この問題にはトリックがしかけられています。空欄の前に現在進行形を使っています。「まさか、considering redesigning と同じ形が2つは続かないだろう」と思わせるためです。実際にこのタイプのトリック問題が 2005 年 1 月の TOEIC テストで出題されました。要注意です。

〈問題文の訳〉
スタッフが以前より効率的に働けるように、オフィスのデザインを変えようと考えています。

────もう間違えない！　このポイント────
動名詞しかとれない他動詞の代表的なものに、
appreciate, mind, enjoy, avoid, consider, miss などがあります。
不定詞しかとれない他動詞の代表的なものに、
expect, fail, offer, promise, want, prepare などがあります。

TOEIC 重要単語の紹介(問題から)

consider　よく考える、熟考する　　efficiently　効率的に

第13問

●次の選択肢の中から正しいものを選びなさい。

The multinational corporation announced that 50 percent of its foreign currency reserves were ( ) in Euro at the end of 2004.

Ⓐ hold

Ⓑ holding

Ⓒ held

Ⓓ holded

【単語の意味】

multinational corporation ……………多国籍企業
foreign currency reserve……………外貨準備高

〈答え〉 ⓒ held

できたら…………○
できなかったら…×

〈解説〉
動詞の形を問う問題です。動詞の hold は、過去形も過去分詞形も同じ「held」です。この英文の場合、受動態の英文なので、過去分詞の held を使わなければなりません。簡単ですが、間違える人の多い問題です。特に hold は「会議を開く、パーティーを開く」など、ビジネス関連の表現で、使われやすい単語です。

動詞の形を問う問題は問題集の中には取り上げられていないものもありますが、頻出問題の一つです。

また、受動態に関する問題もよく出ます。be 動詞の後ろの動詞の形は正しいものを選びましょう。

〈問題文の訳〉
多国籍企業は、2004年末には、外貨準備高の50パーセントがユーロで保有されていたと発表しました。

――――もう間違えない！　このポイント――――

動詞関連の問題の中でもよく出るのが、受動態関連の問題です。特にどれが正しい動詞の形かをチェックしましょう。hold の過去分詞が hold だと思っている方は意外に多いです。

第14問

●次の選択肢の中から正しいものを選びなさい。

The Italian bank apologized to the Fiat Corporation because the report included (　) minor errors overlooked by the accountants who were responsible for collecting and recording data.

Ⓐ much

Ⓑ every

Ⓒ a few

Ⓓ each

【単語の意味】

apologize [əpálədʒàiz] ……………謝る、謝罪する
overlook [òuvərlúk] ……………見落とす、監視する
accountant [əkáuntənt] …………会計士
be responsible for ………………～の責任がある、～を担う

〈1 簡単、でもなぜかミスしやすい問題〉 **045**

〈答え〉 Ⓒ a few

できたら…………○
できなかったら…×

〈解説〉

可算名詞を修飾する語の問題です。空欄の後ろが「(minor) errors」という可算名詞の複数形になっています。選択肢の中で、可算名詞を修飾できるのは、Ⓒの a few しかありません。Ⓐの much の後ろは不可算名詞しかきません。またⒷの every もⒹの each も、後ろには単数名詞しかきません。簡単な問題ですが、このような問題に慣れていないせいか間違える人が多いです。

〈重要〉

空欄の後ろが単数名詞で、それをヒントに、every や each などの単数名詞を修飾する語を選ぶ問題も出題されます。

〈問題文の訳〉

データの収集や記録に責任がある会計士が見落とした数箇所のマイナーな間違いがレポートに含まれていたので、イタリアの銀行はフィアット社に謝罪しました。

──────もう間違えない！ このポイント──────

可算名詞／不可算名詞を修飾する語の問題はよく出るので、much、many、little 等が選択肢に並んでいたら、後ろに続く名詞が可算名詞なのか不可算名詞なのかをまずチェックしましょう。全文を読む必要がないので短時間で解ける問題です。

TOEIC 重要単語の紹介 (問題から)

apologize 謝る、謝罪する	overlook 見落とす、監視する
accountant 会計士	be responsible for ～の責任がある、～を担う

第15問

●次の選択肢の中から正しいものを選びなさい。

General Motors made great efforts to improve productivity of its new plant so that workers could use their time more (   ).

Ⓐ effective

Ⓑ effectively

Ⓒ effect

Ⓓ effecting

【単語の意味】

improve [imprúːv]············改善する、向上させる
productivity [pròudʌktívəti]·········生産性
plant [plǽnt]············工場、工場設備

〈答え〉 Ⓑ effectively

できたら…………○
できなかったら…×

〈解説〉

動詞を修飾する副詞の問題です。動詞の use を修飾するのは副詞です。ですからⒷの effectively（効率的に）を入れれば正しい英文になります。この英文の場合、動詞の後に目的語（their time）がきています。目的語が後ろにある場合にはどの語を修飾しているのかがわかりにくいのか、間違える人が急に増えます。動詞の後ろに目的語がきている場合には訳してみるとわかりやすいです。

この問題のようにさらに、副詞を修飾する比較級の more がついていると、間違える人が増えるのではないかと思います。副詞は主に、動詞、形容詞、他の副詞、副詞句を修飾します。TOEIC テストで出題数の多い品詞の問題の中でも、特に多いのが副詞の問題です。マスターしておきましょう。

〈注意〉

動詞のすぐ後ろに副詞がくる場合は間違える人は少ないのですが、動詞の後ろに目的語があり、その後ろに動詞を修飾する副詞がくる場合には間違える人が多くなります。

〈問題文の訳〉

労働者が時間をもっと効率的に使えるように、GM は新しい工場での生産性を向上させようと大変努力をしました。

―――――もう間違えない！　このポイント―――――

動詞の後ろに目的語がきていても、動詞だけの場合と同じで、動詞を修飾するのは副詞です。不安な人はとりあえず（動詞＋目的語）の後ろに副詞を置いて訳してみましょう。訳してみて、副詞が動詞を修飾していれば間違いありません。

TOEIC 重要単語の紹介(問題から)

improve　改善する、向上させる	productivity　生産性
plant　工場、工場設備	effective　効果的な

第16問

●次の選択肢の中から正しいものを選びなさい。

The Global Corporation has revised upward ( ) forecast for the quarter based on the strong performance and expectations that the favorable exchange rate will continue.

Ⓐ their

Ⓑ his

Ⓒ its

Ⓓ theirs

【単語の意味】

revise [riváiz]	修正する
upward [ápwərd]	上方へ、上へ
forecast [fɔ́:rkæst]	予測、見通し
quarter [kwɔ́:rtər]	四半期
based on	～に基いて、～を基にして
performance [pərfɔ́:rməns]	業績、実績
expectation [èkspektéiʃən]	予想、見込み、期待
favorable [féivərəbl]	好調な、有利な
exchange rate	為替レート、為替相場

〈1 簡単、でもなぜかミスしやすい問題〉 049

〈答え〉 Ⓒ its

できたら…………○
できなかったら…×

〈解説〉
代名詞の問題です。この英文の場合、ここで使う代名詞はグローバル会社という企業を指すわけですから、Ⓒの「its」でなければなりません。

〈注意〉
企業を指す場合、代名詞は「their」だと思っている人が多いので気をつけてください。最近の公開 TOEIC テストでも出題されたことのあるタイプの問題です。
代名詞の問題は頻出問題の一つです。日本人には強い分野ですが、間違いを誘おうと工夫をこらした英文での出題も多いです。ケアレスミスに気をつけてください。

〈問題文の訳〉
グローバル会社は、好調な業績と、好ましい為替レートが続くだろうとの視点から四半期の収益予測を上方修正しました。

──────もう間違えない！ このポイント──────
企業を指す場合は、単数で受けます。単数の代名詞を使ってください。企業名が例えば、「Global Appliances」のように複数形になっていてもそれは企業名ですから、単数で受けます。

TOEIC 重要単語の紹介 (問題から)

forecast 予測、見通し
expectation
　予想、見込み、期待
exchange rate
　為替レート、為替相場

performance 業績、実績
favorable 好調な、有利な

050

第17問

●次の選択肢の中から正しいものを選びなさい。

He has much knowledge of tax law, but because he is not licensed and (　　), he is unqualified to sign a tax revenue statement for someone.

Ⓐ profession

Ⓑ professed

Ⓒ professional

Ⓓ professioned

【単語の意味】

tax law······················税法
licensed [láisənst]··············認可された、許可を受けた
unqualified [ʌnkwáləfàid]·······無資格の、不適任な
tax revenue ··················税収

〈1　簡単、でもなぜかミスしやすい問題〉 051

〈答え〉 Ⓒ professional

できたら…………○
できなかったら…×

〈解説〉
品詞（形容詞）の問題です。空欄に入る語は、直前の「he is not licensed and (he is not)」に続きます。he is not が省略されているので少しわかりにくいかと思います。not はありますが空欄に入る語の前は be 動詞の is です。be 動詞の後ろは形容詞になります。ですから形容詞の「professional」を選べば正解となります。省略があったり、not が入っていることにより間違ってしまう人がいるかと思いますが、文章の構造をきちんと見ればわかります。

〈問題文の訳〉
彼は税法について多くの知識を持っていますが、資格も持っていなければ専門家でもないので、誰かの税収書に署名することはできません。

────── もう間違えない！　このポイント ──────
英文の構造をきちんと見ましょう。be 動詞の後ろは形容詞がきます。

TOEIC 重要単語の紹介(問題から)

unqualified　無資格の、不適任な　　tax revenue　税収

第18問

●次の選択肢の中から正しいものを選びなさい。

(　) companies hire full-time employees only once a year, in April, in order to train new recruits for several months.

Ⓐ Most

Ⓑ Almost

Ⓒ Most of

Ⓓ Almost of

【単語の意味】

full-time employee ……………………………常勤者
train [tréin] ……………………………………訓練する
recruit [rikrúːt] …………………………………新入社員

〈答え〉 Ⓐ Most

できたら…………○
できなかったら…×

〈解説〉

almost/most の問題です。

Ⓑの Almost は副詞です。副詞が修飾するのは主に、形容詞、動詞、他の副詞、副詞句です。空欄の後の、companies は名詞です。名詞を修飾するのは形容詞なので、形容詞の「Most」を入れれば正しい英文になります。あるいは、most は名詞でもあるので、名詞としての most を使い、「Most of the」でも構いません。ですから、ⒸのMost of の後ろに the があればⒸも正解になります。

〈重要〉

「almost」と「most」の使い方は間違える人が多いので、要注意です。

〈問題文の訳〉

ほとんどの会社は、数ヶ月間の新入社員教育を実施するために、年に1度だけ4月に正社員の採用を行ないます。

———— もう間違えない！ このポイント ————

almost（ほとんど）は副詞で、most は形容詞（ほとんどの）と名詞（ほとんど）の両方があります。後ろに名詞がきている場合には、形容詞の most を使って、「most ＋名詞」とするか、名詞の most を使って、「most of the ＋名詞」とします。

TOEIC 重要単語の紹介(問題から)

train　訓練する　　　　　　recruit　新入社員

第19問

●次の選択肢の中から正しいものを選びなさい。

(　) he know the date of the delivery, he will let you know.

Ⓐ If

Ⓑ Would

Ⓒ Should

Ⓓ Unless

【単語の意味】

date [déit] ……………………………………………… 日付
delivery [dilívəri] ……………………………………… 配達、配送

〈答え〉Ⓒ Should

できたら…………○
できなかったら…×

〈解説〉

仮定法未来の問題です。空欄の後ろが he know になっています。he knows ではありません。If が正解だとすれば knows になるはずです。仮定法未来を作る「Should」を入れれば正しい英文になります。

仮定法未来は「should ＋主語＋動詞の原形」で「もし万が一〜したら」という意味になります。

これは、

If he should know the date 〜

の if が省略され倒置したものです。

「仮定法未来」は文学的な言い方であり、実際にはあまり使われてはいませんが昨年の TOEIC テストに出題されました。出題されると言っても 1 年に 1 度くらいでしょう。

〈問題文の訳〉

万が一彼が配達日を知っていれば、あなたにお知らせするでしょう。

──────もう間違えない！　このポイント──────

仮定法未来は「should ＋主語＋動詞の原形」で「もし万が一〜したら」という意味になります。Ⓐの If を選んで間違える人が多いです。間違いを誘おうと作成された問題です。If だと、If he knows と動詞に s がつかなければなりません。ひっかからないように気をつけましょう。

TOEIC 重要単語の紹介(問題から)

delivery　配達、配送

第20問

●次の選択肢の中から正しいものを選びなさい。

Productivity tells us the real output per worker, and is important in (　　　) how much non-inflationary growth an economy can sustain.

(A) determination

(B) determine

(C) determining

(D) determined

【単語の意味】

productivity [pròudʌktívəti] ……… 生産性
output [áutpùt] ……………………… 生産高
non-inflationary growth ……… インフレなしの成長
sustain [səstéin] ……………………… 維持する、持ちこたえる

〈答え〉 ⓒ determining

できたら…………○
できなかったら…×

〈解説〉
前置詞＋動名詞の問題です。空欄の前が前置詞の in です。前置詞の後ろは名詞（句）がきます。さらに、空欄の後ろに目的語（how much non-inflationary growth an economy can sustain）があることから、動詞の働きをするものでなければならないので、名詞ではダメだということがわかります。ということは、動名詞の determining を選べば正解ということです。

〈注意〉
空欄の後ろを見ないで、前置詞の後だからと、すぐに名詞を選んでしまう人が多いので、空欄の後ろに目的語がきているかどうかをきちんと見ましょう。「前置詞＋動名詞の問題」は以前に比べると出題頻度が減っているようです。

〈問題文の訳〉
生産性とは労働者一人あたりの実質生産高を意味し、経済がインフレなしでどのくらいの成長を維持できるかを決定するという点で重要です。

――――もう間違えない！　このポイント――――

前置詞の後ろには名詞（句）がきます。前置詞の後ろの空欄の後に目的語がある場合には、動詞の働きをし、かつ名詞句を作る「動名詞」を選んでください。

TOEIC 重要単語の紹介(問題から)

productivity　生産性　　　　output　生産高
determine　決定する

第21問

●次の選択肢の中から正しいものを選びなさい。

The tourist who lost his passport was surprised at how fast the embassy issued him a new one, but later he realized it was because the embassy was used to (　) it.

Ⓐ do

Ⓑ done

Ⓒ doing

Ⓓ be done

【単語の意味】

embassy [émbəsi]……………………………………大使館
issue [íʃuː]……………………………………………発行する

〈1　簡単、でもなぜかミスしやすい問題〉 059

〈答え〉 Ⓒ doing

できたら…………○
できなかったら…×

〈解説〉

動名詞の問題です。「be used to ～ ing」で「～しなれている」という意味の慣用句です。この to は「前置詞の to」です。ですから to の後ろは名詞句を作る動名詞の doing になります。リーディングセクションで問題として出題されるのは「be used to ～ ing」ですが、リスニングセクションでは「used to + 動詞の原形」（よく～したものだ）が時々使われます。混同しないように気をつけてください。

〈参考〉

* 「used to + 動詞の原形」……よく～したものだ（過去の習慣的行動を表す）
* 「be used to + 動名詞」……～しなれている

〈問題文の訳〉

パスポートを失くした旅行者は、大使館があまりにも早く彼に新しいパスポートを発行したことに驚きましたが、後で大使館がそれをしなれているからだということに気付きました。

――――もう間違えない！　このポイント――――

「used to + 動詞の原形」と「be used to + 動名詞」を混同して覚えている人はⒶの do を選びがちです。「be used to」の to は「前置詞の to」なのですが、「to だから不定詞だ」と決めてかかる人がいます。

TOEIC 重要単語の紹介(問題から)

embassy　大使館	issue　発行する

第22問

●次の選択肢の中から正しいものを選びなさい。

The manager was satisfied with the new employee because he worked ( ) to finish the materials before the deadline.

Ⓐ hardly

Ⓑ greatly

Ⓒ successfully

Ⓓ briefly

【単語の意味】

be satisfied with ……………………〜に満足している
new employee…………………………新入社員
material [mətíəriəl]……………………資料
deadline [dédlàin]………………………締め切り、期日

〈1 簡単、でもなぜかミスしやすい問題〉 061

〈答え〉Ⓒ successfully

できたら…………○
できなかったら…×

〈解説〉
適切な意味の副詞を選ぶ問題です。
トリック問題です。選択肢を見た途端にⒶのhardlyを選んだ人が多いのではないでしょうか？ ひっかけようと狙って作成された問題です。
「hard」は副詞と形容詞の両方あり、形容詞だと、「熱心な、困難な」という意味になり、副詞では「一生懸命に、激しく」という意味になります。
「hardly」は「ほとんど〜ない」という意味の副詞で、「hard」とはまったく意味が異なります。
英文全体の意味を考えると、hardlyではダメだということがわかります。successfullyであれば意味が通ります。
「hard」と「hardly」も勘違いしている人が多いので、このような問題が出るのです。
実際に去年のTOEICテストで出題されたタイプの問題です。

〈問題文の訳〉
新入社員が締め切り前に資料の作成を終えるよう首尾よく仕事をしたので部長は満足しました。

―――――もう間違えない！ このポイント―――――
hardlyに「ly」がついているので、hardが形容詞、hardlyが似た意味の副詞と考えがちです。そうではなく、まったく意味の異なる別の単語です。
他にも、well、very、seldomなどのように「ly」がつかない副詞があります。

TOEIC重要単語の紹介(問題から)

material 資料　　　　　　　　deadline 締め切り、期日

さらに得点UP！

──文法問題攻略のポイント──

　パート (5) は、出題問題の半分が文法問題です。残りの半分は語彙問題です。新 TOEIC のパート (6) も語彙問題が多く、残りは文法問題です。語彙問題はカバーしなければならない範囲が広く、蓄積してきた語彙力が物をいうため、ある程度の点数を確保したい方は、パート (5) の文法問題で 8 割以上とらなければなりません。

　受験の影響で「難しい文法問題が出る」と思いこんでいる方が多いのですが、手におえないような難しい文法問題は、さほど出題されていません。私のセミナーでは、出題頻度の多い順番に問題を色分けした資料を配布し、説明していますが、参加者が頻繁に口にする言葉は決まっていて、「出題頻度の低い問題ばかりをやっていた」ということです。

　出題頻度の低い問題とは、否定の強調構文や分詞構文等、いわゆる難しい問題です。私自身、2 年半公開 TOEIC テストを受け続けてきて、否定の強調構文は出題回数ゼロ、分詞構文の出題は一度のみでした。TOEIC テストはア

さらに得点UP!

メリカのテスト作成機関であるETSが作成しているため、日本のテストの出題傾向とは異なるのです。頻出問題は、品詞の問題、動詞関連の問題、前置詞の問題、代名詞の問題など簡単な問題が大半です。

ただ、ひっかけようという意図の下に作成している問題が結構あります。また、想像を超えた簡単な箇所が狙われるため、英語のできる方が気付かないで落としている問題が多いのも事実です。

文法問題を攻略するうえでもっとも重要なのは、出題パターンを覚えてしまうことです。簡単な問題が多いうえに、ある程度出題パターンは決まっています。さらに言えば、トリックの仕掛けられ方にも特徴があるので、それを覚えてしまえば簡単です。

文法問題は、出題パターンを覚えてしまえば全文を読まずに解ける問題が増えます。

「3〜4年前のTOEICテストとは文法問題の出題傾向、頻出問題が変わっている」ということも覚えておいてください。できる限り最近の出題傾向を反映した、出版日の新しい参考書や問題集を使うことが重要です。

2

【 重要!
よく出る問題 】

出題頻度の高い文法事項や慣用表現、熟語を集めました。点数アップを目指すためには、押さえておかなくてはならない問題ばかりです。機械的に覚えてしまえば解けるものもあります。必ずマスターしておきましょう。

第1問

● 次の選択肢の中から正しいものを選びなさい。

Neither the fixed cost of the product (　　) the labor cost declined although production slowed down.

Ⓐ and

Ⓑ or

Ⓒ nor

Ⓓ with

【単語の意味】

fixed cost ……………………………………固定費
product [prádəkt]……………………………製品
labor cost ……………………………………人件費
decline [dikláin]………………………………減少する、下落する
production [prədʌ́kʃən] ……………………製造、生産

〈答え〉 ⓒ nor

〈解説〉
熟語の問題です。「neither A nor B」は誰もが知っている簡単な熟語です。「AもBも〜ない」という意味です。頻繁に出題される熟語です。

関連付けて覚えておいて欲しいのは、「both A and B（AもBも）」と「either A or B（AかBのどちらか）」と「between A and B（AとBの間に）」の3つの表現です。

これら4つの表現がそれぞれ交替で出題されていましたが、最近は「neither A nor B」の出題頻度が高くなっています。これらの問題は全文を読む必要がないので、短時間で解くことができます。

〈問題文の訳〉
生産が鈍化したにもかかわらず、製品の固定費も人件費も下がりませんでした。

―――― 絶対に押さえておきたいポイント ――――

まず、「neither A nor B」「either A or B」「both A and B」「between A and B」の形をしっかり覚えましょう。そして、これらの問題が出たら、空欄の前の単語をヒントに答えを出しましょう。1秒で解けます。

TOEIC 重要単語の紹介 (問題から)

decline　減少する、下落する　　production　製造、生産

第2問

●次の選択肢の中から正しいものを選びなさい。

The CNN announcer said that in a poll taken immediately after Ronald Reagan had died, the American public rated (　) to be one of the best US presidents.

Ⓐ him

Ⓑ he

Ⓒ himself

Ⓓ his

【単語の意味】

poll [póul] ……………………………… 世論調査
immediately [imí:diətli] ……………… すぐに、即座に
rate [réit] ……………………………… 評価する

〈2　重要！　よく出る問題〉 **069**

〈答え〉 Ⓐ him

できたら…………○
できなかったら…×

〈解説〉
代名詞の問題です。代名詞の問題は、ほぼ毎回出題されます。主な出題パターンは数パターンあり、その一つが、この問題のように代名詞の格を問う問題です。この英文の場合、空欄の前後をヒントに考えてください。日本語に直すと、「アメリカ人が彼を評価する」と「彼を」ですから、代名詞の目的格を入れなければならないことがわかります。

〈問題文の訳〉
ロナルド・レーガン氏の死後すぐに行なった世論調査によれば、アメリカ国民は彼を合衆国でもっともすぐれた大統領の一人だと考えているということがわかったと、CNNのアナウンサーは言いました。

——絶対に押さえておきたいポイント——

人称代名詞 he は、he（主格）、his（所有格）、him（目的格）と変化します。I、we、you、she、it、they についても格が変わると形がどのように変わるかを復習しておきましょう。頻出問題ですがとても簡単な問題です。

TOEIC 重要単語の紹介(問題から)

poll　世論調査

第3問

●次の選択肢の中から正しいものを選びなさい。

When I have enough capital, enough business contacts, and enough competent staff, I intend to ( ) my own business.

Ⓐ establishing

Ⓑ establishment

Ⓒ establish

Ⓓ establishly

【単語の意味】

- **capital** [kǽpətl] ……………………………… 資本(金)、元金
- **business contacts** ……………………………… 仕事上のコネ
- **competent** [kámpətnt] ……………………………… 有能な
- **intend to** ……………………………… ～するつもりだ

〈答え〉 ⓒ establish

できたら…………○
できなかったら…×

〈解説〉
適切な動詞の形を選ぶ問題です。「intend to ～」は「～するつもりだ」という意味で頻繁に使う表現です。この to は「不定詞の to」ですから、to の後ろは動詞の原形が入ります。日本人にとっては非常に簡単な問題です。

〈注意〉
この問題は「to 不定詞の後ろに動詞の原形がくる」というタイプの問題ですが、同じ to でも前置詞の to もあります。前置詞の to の後ろは名詞（句）がきます。「不定詞の to」なのか、「前置詞の to」なのかを見分けましょう。

〈問題文の訳〉
十分な資金とビジネス上の人脈と十分な数の有能なスタッフがそろえば、私は起業したいと考えています。

――――絶対に押さえておきたいポイント――――
不定詞の後ろには動詞の原形がきます。簡単な問題ですがよく出る問題です。「前置詞の to」と間違えて、答えに動名詞（～ ing）を選ばないようにしましょう。

TOEIC 重要単語の紹介 (問題から)

capital　資本（金）、元金

business contacts　仕事上のコネ

establish　設立する

第4問

●次の選択肢の中から正しいものを選びなさい。

( ) the consumer confidence was weak, department stores were surprised to find that sales were stable.

Ⓐ In spite

Ⓑ Although

Ⓒ However

Ⓓ Despite

【単語の意味】

consumer confidence ……………………消費者意欲
stable [stéibl]……………………………………安定した

〈答え〉 Ⓑ Although

できたら………○
できなかったら…×

〈解説〉

although/though と despite/in spite of の問題です。「Although」も「Despite」も「〜にもかかわらず」という意味ですが、「Although」は後ろに節（S + V）がきます。一方、「Despite」の後ろには名詞（句）がきます。

この英文の場合、空欄の後ろが節になっています。ということは、空欄には Although が入るということです。

以下のパターンをしっかり覚えておきましょう。

「〜にもかかわらず」という意味の語を入れる問題では、

*後ろに節がくる場合は、TOEIC ではたいてい以下の選択肢のいずれかです。

「although」「though」「even though」「even if」

*後ろに名詞（句）がくる場合は、TOEIC ではたいてい以下の選択肢のいずれかです。

「despite」「in spite of」

〈問題文の訳〉

消費者意欲が低いにもかかわらず、デパートは販売が好調なのに驚きました。

―――絶対に押さえておきたいポイント―――

「〜にもかかわらず」という内容の英文にしたい場合、後ろに、節がきているのか、名詞（句）がきているのか、を最初に見ます。そして上に示したパターンから選んでください。

TOEIC 重要単語の紹介(問題から)

stable 安定した

第5問

● 次の選択肢の中から正しいものを選びなさい。

Because sales have plunged this first quarter, sales tactics (　).

Ⓐ have to review

Ⓑ have to reviewed

Ⓒ have to be reviewed

Ⓓ have to be reviewing

【単語の意味】

sales [séilz] ……………………… 売上(高)
plunge [plʌ́ndʒ] ………………… 急落する、落ち込む
first quarter …………………… 第1四半期
tactics [tǽktiks] ………………… 戦術、方策

〈2 重要！ よく出る問題〉 075

〈答え〉

ⓒ have to be reviewed

できたら………○
できなかったら…×

〈解説〉

受動態の問題です。「review」は「見直す」という意味の他動詞です。このような問題の場合、主語と動詞の関係をきちんと見極めてください。そうしないと間違ってⒶの have to review を選んでしまいます。「sales tactics」は物ですから、これが review するのではなく、review されるので受動態にしなければなりません。

受動態の問題はよく出ます。受動態の問題は簡単ですが、前後、あるいは全体を読んで主語と動詞の関係を考えなければならないため、少し時間を要します。TOEIC は時間のない中で解かなければならないので飛ばし読みをしている人が多く、うっかり間違えてしまう人が思いのほか多いです。

〈問題文の訳〉

今年度の第1四半期の売上が落ち込んだので、販売戦略は見直されなければなりません。

---絶対に押さえておきたいポイント---

他動詞が使われている場合には、主語と動詞の関係を考えて、英文を受動態にしなければならないかどうか決めましょう。受動態の問題は頻出問題なので要注意です。

TOEIC 重要単語の紹介(問題から)

sales 売上(高)
tactics 戦術、方策
review 再検討する、見直す

第6問

●次の選択肢の中から正しいものを選びなさい。

The increase in inventory may help explain the (　　) strong two percent growth in total domestic demand.

Ⓐ surprisingly

Ⓑ surprising

Ⓒ surprised

Ⓓ surprisedly

【単語の意味】

inventory [ínvəntɔ̀:ri] ……………………………在庫
growth [gróuθ]……………………………………成長、伸び
domestic demand …………………………………内需

〈2 重要！ よく出る問題〉 077

〈答え〉Ⓐ surprisingly

できたら…………○
できなかったら…×

〈解説〉
品詞（副詞）の問題です。空欄の後ろの strong は形容詞です。形容詞を修飾するのは副詞です。ですから、副詞の「surprisingly」を使わなければなりません。
副詞は、主に、動詞、形容詞、他の副詞、副詞句を修飾します。Ⓓの surprisedly も副詞です。迷った方も多いかと思います。surprisedly は「驚いて、びっくりして」という意味なのでここでは使えません。このように、品詞の問題と語彙問題がミックスされた問題では、まず品詞で探して次に、意味で考えるという順序をたどった方が短い時間で解けます。
品詞の問題は頻出問題です。中でも一番間違えやすいのが「副詞の問題」です。名詞や形容詞の問題は比較的簡単なので、特に副詞の問題のマスターが鍵となります。

〈参考〉
increase in、growth in の「in」(前置詞の使い方)も要注意です。「～の増加」という場合には、increase in ～ や growth in ～ 等のように前置詞は「in」を使います。

〈問題文の訳〉
在庫の増加は、2パーセント増、という全内需のかなりの伸びを説明するのを助けるでしょう。

絶対に押さえておきたいポイント

選択肢に、似たような単語が並んでいる場合、品詞の問題かもしれないと考えてください。品詞の問題では、空欄の前後がヒントになります。この問題の場合、空欄の後ろには形容詞がきています。形容詞を修飾するのは副詞です。このタイプの問題の場合、形容詞の後ろにきている「名詞」を修飾する語句（形容詞）が空欄に入ると思っている方が多いです。間違えないようにしましょう。

TOEIC 重要単語の紹介(問題から)

inventory 在庫	demand 需要

第7問

●次の選択肢の中から正しいものを選びなさい。

Because of the impending merger, the division chief and his staff (　) a review of all pertinent materials.

Ⓐ completing

Ⓑ completed

Ⓒ completely

Ⓓ completion

【単語の意味】

impending [impéndiŋ] ……………… 差し迫った、近々の
merger [mə́:rdʒər] ……………………… 合併
division [divíʒən] ……………………… 課、部、部門
review [rivjú:] …………………………… 見直し
pertinent [pə́:rtənənt] ………………… 関連のある、適切な
material [mətíəriəl] …………………… 資料

〈2 重要！ よく出る問題〉 079

〈答え〉 Ⓑ completed

できたら…………○
できなかったら…×

〈解説〉

適切な動詞の形を選ぶ問題です。空欄の前の the division chief and his staff は主語で、空欄の後ろの a review of ～ は目的語です。ということは空欄に入るのは動詞だということです。選択肢の中で動詞はⒷの completed しかありません。

動詞に関する問題はさまざまな形で出題されますが、基本的には簡単な問題が多いです。毎回数問ずつ出題されます。必ず全問 GET しましょう。

〈問題文の訳〉

差し迫った合併のために、部長とその部下はすべての関連書類の見直しを終えました。

―――絶対に押さえておきたいポイント―――

適切な動詞の形を選ぶ問題はよく出ます。このような問題の場合、主語を確認して空欄に入る動詞の形を選んでください。選択肢の中から不適切なもの（主語に続かない形）を順番に消去していくのも一つのやり方です。

TOEIC 重要単語の紹介(問題から)

merger 合併	division 課、部、部門
material 資料	

第8問

●次の選択肢の中から正しいものを選びなさい。

In Korea, about two-thirds of households have PCs, (　) in Japan, PC penetration is at lower levels.

Ⓐ or

Ⓑ since

Ⓒ but

Ⓓ that

【単語の意味】

household [háushòuld] ……………………家庭、世帯
penetration [pènətréiʃən] ……………………浸透
　（マーケティング関連で頻繁に使われる単語です）

〈2　重要！　よく出る問題〉 **081**

〈答え〉 Ⓒ but

できたら……………○
できなかったら…×

〈解説〉
接続詞の問題です。接続詞の問題は、英文を読んで、語と語、句と句、節と節がどのような関係でつながっているかを考えなければなりません。この英文の場合、コンマの前までの節（文）と、コンマの後の節（文）がどのような関係になっているかを考えればいいわけです。コンマの前までは、「韓国では約三分の二の世帯がPCを持っている」と言っており、コンマの後ろでは、「日本でのPCの普及率は低い」と言っています。つまり、反対の内容になっています。ということは、接続詞のbutを選べばいいということになります。
接続詞の中でよく出題されるのは、「and」「or」「but」「since」「because」「as」「though」などです。
接続詞の問題は頻繁に出題されます。この問題のように、節と節を結ぶ接続詞の問題の場合は全文を読まなければならないので、他の問題に比べ時間がかかります。

〈問題文の訳〉
韓国では、約三分の二の世帯がPCを保有していますが、日本でのPCの普及率は低いです。

———— 絶対に押さえておきたいポイント ————
接続詞の問題が出たら、単語と単語、句と句、節と節の意味上の関係を考えてください。TOEICで出題される問題は節と節を結ぶ接続詞を選ぶ問題が大半でしたが、最近は語と語、句と句を結ぶ接続詞の問題が増えています。語と語、句と句を結ぶ接続詞の問題では全文を読む必要がないため、節と節を結ぶ接続詞の問題ほど時間はかかりません。

TOEIC 重要単語の紹介 (問題から)

penetration 浸透

第9問

● 次の選択肢の中から正しいものを選びなさい。

The department store wrote a letter to the angry customer telling her that they would replace the merchandise that she had purchased and hoped that they could receive her (　) satisfaction.

Ⓐ complete

Ⓑ completing

Ⓒ completed

Ⓓ completely

【単語の意味】

customer [kʌ́stəmər] ……………………顧客、取引先
replace [ripléis] ……………………………取り替える、交換する
merchandise [mə́ːrtʃəndàiz] ………商品、製品
purchase [pə́ːrtʃəs] ………………………購入する
satisfaction [sæ̀tisfǽkʃən] ……………満足

〈答え〉 Ⓐ complete

できたら…………○
できなかったら…×

〈解説〉

形容詞の問題です。問題を解くときにまず注意しなければならないのが、空欄の前後です。空欄の後ろの satisfaction は名詞です。名詞を修飾するのは形容詞です。ですから、選択肢の中から形容詞の complete を選べば正解です。complete は動詞としても使われるので、「あれっ」と思って別の単語を選ぶ方もいると思います。動詞も形容詞も同じ complete です。間違えないように気をつけてください。

〈参考〉

分詞も形容詞の働きをするので、名詞を修飾します。例えば、「polluted river」の「polluted（汚染された）」は過去分詞です。polluted は名詞の river を修飾しています。このように、分詞は形容詞の働きをします。

〈問題文の訳〉

デパートは怒っている顧客に、彼女が購入した商品を取り替えるので、それですべて満足していただくよう期待します、と書いた手紙を送りました。

---**絶対に押さえておきたいポイント**---

名詞を修飾するのは形容詞です。空欄の後ろに名詞がきていれば、特殊な場合を除いて、形容詞を選びましょう。

TOEIC 重要単語の紹介 (問題から)

customer 顧客、取引先	replace 取り替える、交換する
merchandise 商品、製品	purchase 購入する

第10問

●次の選択肢の中から正しいものを選びなさい。

Since 1973, the Israelis (　) the Gaza Strip, but the government has agreed to evacuate all of its people from the territory.

Ⓐ occupied

Ⓑ have occupied

Ⓒ will have occupied

Ⓓ have been occupied

【単語の意味】

occupy [άkjəpài] ……………………占領する
Gaza Strip ……………………………ガザ地区
evacuate [ivǽkjuèit] ………………撤退させる、避難させる

〈答え〉 Ⓑ have occupied

できたら…………○
できなかったら…×

〈解説〉

現在完了の問題です。since 1973(1973年以来ずっと)という表現があるので、継続を表す現在完了だとわかります。ですから、動詞を現在完了の形にすれば正しい英文になります。since は現在完了形と一緒に使われる前置詞です。動詞の形を選ぶ際の大きなヒントになります。

〈重要〉

他にも期間を表す表現がある場合には完了形が正解となります。過去完了形なのか、現在完了形なのか、未来完了形なのかは、英文全体を読んで決めてください。

〈問題文の訳〉

1973年以来、イスラエル人はガザ地区を占領してきましたが、政府はその地区からすべての人々を撤退させることに同意しました。

―――――― 絶対に押さえておきたいポイント ――――――

前置詞の since が使われている場合、現在完了形だ!! と覚えておくと簡単です。

TOEIC 重要単語の紹介 (問題から)

occupy 占領する

第11問

●次の選択肢の中から正しいものを選びなさい。

Depending on (　　) appears in the financial newspaper, Japanese stocks and the recently troubled yen could face renewed selling by foreign investors.

Ⓐ who

Ⓑ what

Ⓒ which

Ⓓ that

【単語の意味】

appear [əpíər]……………………現れる、登場する
financial [fənǽnʃl]………………金融の、財務の
stock [stάk] ………………………株式
renew [rin(j)úː] …………………更新する、再び始める
investor [invéstər] ………………投資家

〈2 重要！よく出る問題〉 **087**

〈答え〉Ⓑ what

できたら…………○
できなかったら…×

〈解説〉

関係代名詞の問題です。関係代名詞の問題はよく出題されます。関係代名詞に関してまず覚えておかなければならないことは、先行詞が人の場合、主格が who、所有格が whose、目的格は whom です。

先行詞が物の場合には、主格が which、所有格が whose、目的格が which です。

この英文の場合、先行詞がないですね。ですから先行詞を含む関係代名詞の「what」が正解となります。関係代名詞の「what」は who や which と違い、先行詞を含み、「the thing which」に書き換えられます。

Depending on 以下を書き換えると、

Depending on the thing which appears in the financial newspaper（金融新聞の内容によって）となり、意味が通じますね。

〈問題文の訳〉

金融新聞の内容によって、日本株や近頃不安定な円は、再び外国人投資家による売りを浴びる可能性があります。

―――――**絶対に押さえておきたいポイント**―――――

関係代名詞「what」の問題では、先行詞があるかないかが大きなヒントになります。また、「the thing which」に書き換えられるかどうかでも判断できます。

TOEIC 重要単語の紹介(問題から)

financial 金融の、財務の　　**stock** 株式
renew 更新する、再び始める　　**investor** 投資家

第12問

●次の選択肢の中から正しいものを選びなさい。

Before (　) whether the official interest rate should be raised or not, the FRB met with the president and leaders of Wall Street.

(A) deciding

(B) decide

(C) decided

(D) decision

【単語の意味】

official interest rate ……………………………公定歩合
president [prézədənt] ……………………………大統領

〈答え〉 Ⓐ deciding

できたら…………○
できなかったら…×

〈解説〉

Before/After の問題です。before も after も「前置詞」と「接続詞」両方の働きをするため、その英文でどちらの働きをしているのかを見極めなければなりません。before も after も、前置詞として使われている場合には後ろは名詞（句）、接続詞として使われている場合は後ろは節と覚えてください。

この英文では Before の後ろは節ではないので、Before は前置詞だと考えられます。かつ空欄の後ろ「whether ～ or not」までが目的語になっているので、前置詞の後ろに動詞の働きをする語を入れなければならないということがわかります。動詞の働きをするもので名詞句を作るのは動名詞です。Before の後ろには動名詞を使わなければなりません。

〈問題文の訳〉

公定歩合を引き上げるべきかどうかを決める前に、FRB（連邦準備制度委員会）は大統領やウォールストリートのリーダーたちと会談しました。

─────絶対に押さえておきたいポイント─────

before や after が「接続詞」として使われているのか、「前置詞」として使われているのかに注意してください。接続詞として使われている場合には、後ろに節が、前置詞として使われている場合には、後ろに名詞（句）がきます。

第13問

●次の選択肢の中から正しいものを選びなさい。

Now funds can be sent by the internet, but previously, money could only be sent by going to the bank which was a great (　　) for busy people.

Ⓐ inconvenient

Ⓑ inconvenience

Ⓒ inconveniently

Ⓓ inconvenienced

【単語の意味】

fund [fÁnd] ……………………………資金
previously [príːviəsli] ………………以前は、あらかじめ

〈2 重要！ よく出る問題〉 091

〈答え〉Ⓑ inconvenience

できたら…………○
できなかったら…×

〈解説〉

品詞（名詞）の問題です。問題を解くときにまず注意しなければならないのが、空欄の前後です。空欄の前を見ると、a（冠詞）+ great（形容詞）と続いています。形容詞が修飾するのは名詞です。ということは、ⒶからⒹの選択肢の中から名詞を選べばいいのです。名詞は inconvenience です。

ちなみに、ひっかけようという意図で選択肢の一つによく用いられる inconvenient は「不便な」という意味の形容詞です。名詞や形容詞の問題で TOEIC によく出る単語の一つが、convenience（名詞）、convenient（形容詞）です。この問題では、それらの単語の否定語なので頭に in がついているだけで、簡単な問題です。

〈問題文の訳〉

今では資金はインターネットで送金できますが、以前は、銀行に出向いて送金しなければならず、多忙な人々にとってはとても不便でした。

———— **絶対に押さえておきたいポイント** ————

形容詞が修飾するのは名詞です。形容詞の後ろに空欄があれば、特殊な場合を除いて、名詞を選びましょう。

TOEIC 重要単語の紹介(問題から)

fund 資金

第14問

●次の選択肢の中から正しいものを選びなさい。

( ) restructuring efforts in 2004 and 2005, with the financial support of ABC bank, Blue Steel Corporation went bankrupt.

Ⓐ Despite of

Ⓑ However

Ⓒ Although

Ⓓ In spite of

【単語の意味】

restructuring [ristrʌ́ktʃəriŋ] ………リストラ、改革
financial support ……………………財政的援助、金融支援
go bankrupt ……………………………倒産する

〈答え〉 Ⓓ In spite of

できたら…………○
できなかったら…×

〈解説〉
although/though と despite/in spite of の問題です。「although」も「despite/in spite of」も「〜にもかかわらず」という意味ですが、「despite/in spite of」は前置詞(句)なので後ろに名詞(句)がきます。一方、「although」は接続詞なので後ろに節(S + V)がきます。この英文の場合、空欄の後ろが名詞句ですね。ということは、Ⓓの「In spite of」を選べばいいということになります。

〈注意〉
Ⓐの「Despite of」は正解にはなりません。Despite であれば正解になります。選択肢の中に「Despite of」(正しい表現は「Despite」)「In spite」(正しい表現は「In spite of」)などが入っていても正答として選ばないでください。ひっかけです。頻出問題なので以下のパターンを覚えましょう。
「〜にもかかわらず」という意味の語を入れる問題では
＊後ろに節がくる場合は、TOEIC ではたいてい以下の選択肢のいずれかです。→「although」「though」「even though」「even if」
＊後ろに名詞(句)がくる場合は、TOEIC ではたいてい以下の選択肢のいずれかです。→「despite」「in spite of」

〈問題文の訳〉
2004年と2005年に行なわれたリストラの努力や ABC 銀行からの金融支援にもかかわらず、ブルースティール会社は倒産しました。

絶対に押さえておきたいポイント
「〜にもかかわらず」という内容の英文にしたい場合、後ろに、節がきているのか、名詞(句)がきているのか、を最初に見ます。形を見るだけで解けるので全文を読む必要がないため、短時間で解けます。

TOEIC 重要単語の紹介 (問題から)

restructuring リストラ、改革	**go bankrupt** 倒産する

094

第15問

●次の選択肢の中から正しいものを選びなさい。

Base-pay was (　　) hit by a 10 percent drop because of the economy, as companies struggled to reduce costs.

Ⓐ bad

Ⓑ baddish

Ⓒ badded

Ⓓ badly

【単語の意味】

base-pay ……………………………………基本給
struggle [strʌ́gl] ……………………………奮闘する、苦しむ
reduce [ridúːs] ………………………………削減する
cost [kɔ́(ː)st]…………………………………経費

〈2　重要！　よく出る問題〉 095

〈答え〉 ⓓ badly

できたら………○
できなかったら…×

〈解説〉

品詞（副詞）の問題です。空欄の前後が「was hit」と受動態になっています。受動態であっても動詞です。動詞を修飾するのは副詞です。ですから副詞の badly を選べば正解となります。副詞は、主に、動詞、形容詞、他の副詞、副詞句を修飾します。

品詞の問題は頻出問題です。中でも一番間違えやすいのが「副詞の問題」です。名詞や形容詞の問題は比較的簡単なので、特に副詞の問題のマスターが鍵となります。

〈問題文の訳〉

企業が苦心してコスト削減に努めたため、経済状況の影響で基本給は 10 パーセント減少という大きな痛手を受けました。

---絶対に押さえておきたいポイント---

選択肢に 4 つとも似たような単語が並んでいる場合、「品詞の問題かも」と考えるといいです。受動態であっても、現在完了形であっても、進行形であっても、すべて「動詞」です。それに気付けば、動詞を修飾する「副詞」がすぐに選べるはずです。

TOEIC 重要単語の紹介 (問題から)	
reduce 削減する	cost 経費

第16問

●次の選択肢の中から正しいものを選びなさい。

The King of Thailand (　) for 40 years in 2010 and he will celebrate his 80th birthday in the same year.

Ⓐ has reigned

Ⓑ will reign

Ⓒ is reigning

Ⓓ will have reigned

【単語の意味】

reign [réin]……………………支配する、統治する、君臨する
celebrate [séləbrèit] …………祝う

〈答え〉 ⓓ will have reigned　できたら……○／できなかったら…×

〈解説〉

未来完了の問題です。未来完了形は、未来のある時点での動作の完了や継続を表すときに使います。この英文の場合、未来のある時点を表す「in 2010(2010年に)」という表現があります。また「in 2010」の直前に「for 40 years(40年間)」という表現もあります。2010年に40年間……ということは、40年間統治したことになるだろう、という2010年時点での動作の完了や継続、を表した英文だということがわかります。
ですから英文の形は「will＋現在完了形(have＋過去分詞)」にしなければなりません。

〈問題文の訳〉

タイ国王は2010年には40年間国を統治したことになり、また同年に80歳の誕生日を祝う予定です。

絶対に押さえておきたいポイント

未来のある時点を指す表現があれば、「未来完了かな」と考えてください。
未来完了の形は「will＋現在完了形(have＋過去分詞)」です。
現在完了や未来完了など完了形関連の問題はよく出るのでここで覚えましょう。

TOEIC 重要単語の紹介(問題から)

celebrate　祝う

第17問

●次の選択肢の中から正しいものを選びなさい。

Through a restructuring plan (　　) to reduce costs and boost margins, Greenfield Corporation will shut 50 outlets in the US and 15 franchises in Canada.

Ⓐ designing

Ⓑ design

Ⓒ designed

Ⓓ will design

【単語の意味】

- **reduce** [ridú:s] ……………………… 削減する
- **boost** [bú:st] ……………………… 増やす、押し上げる
- **margin** [má:rdʒin] ……………………… 利ざや、粗利益
- **outlet** [áutlèt] ……………………… 小売店、店舗
- **franchise** [fræntʃaiz] ……………………… フランチャイズ

〈答え〉 ⓒ designed

できたら…………○
できなかったら…×

〈解説〉

過去分詞の問題です。分詞には現在分詞と過去分詞があります。両方とも、形容詞的に用いられることが多いです。形容詞ですから、名詞を修飾します。

分詞の使い方としては、修飾する「名詞の前にくる」用法と、「名詞の後にくる」用法があります。この英文の空欄部分は、修飾する名詞（plan）の後にくる用法です。

現在分詞は「〜している」という意味になり、過去分詞は「〜された」という意味になるので、空欄の前後を直訳してみると「デザインされたリストラ計画」と、「〜された」と訳せます。ということは過去分詞の「designed」が入れば正しい英文になるということです。

分詞の問題は間違える人が多いですが、頻出問題の一つです。

〈問題文の訳〉

コストを削減し、利益率を上げようとデザインされたリストラ計画により、グリーンフィールド社は米国の50の販売店と、カナダの15のフランチャイズ店を閉鎖するでしょう。

―――――**絶対に押さえておきたいポイント**―――――

「〜された」名詞、なのか「〜している」名詞、なのか修飾する名詞を中心に直訳してみましょう。大半の問題はこの方法で解けます。この方法で解けない問題が一部ありますが、それは日本語と英語の語法の違いによるもので難易度の高い問題になります。そのような問題で正答を出すには、普段から英文を読んで語感を鍛えるしかありません。

TOEIC 重要単語の紹介（問題から）

reduce　削減する	outlet　小売店、店舗

第18問

●次の選択肢の中から正しいものを選びなさい。

When I went to pick up my bill at the front desk of the hotel, I was surprised to find that the bill had ( ) been paid.

Ⓐ also

Ⓑ yet

Ⓒ ever

Ⓓ already

【単語の意味】

pick up ……………………………………受け取る、手に取る
bill [bíl] ……………………………………勘定書、明細書

〈2 重要！ よく出る問題〉 101

〈答え〉 Ⓓ already

できたら…………○
できなかったら…×

〈解説〉
現在完了と一緒に用いる副詞の問題です。現在完了とともに用いる副詞の問題は TOEIC にはよく出ます。日本人が得意とする問題です。このタイプの問題でよく出るのは、already（すでに）、almost（ほとんど）、just（ちょうど）、always（いつも）、ever（これまでに）、yet（まだ）などです。yet は否定文や疑問文で使います。この問題の場合、意味を考えると正解はⒹの already しかありません。
副詞を置く場所についても、ここで確認し直してください。助動詞が一つの場合には、助動詞（have）と本動詞の間です。この問題のように、助動詞が２つの場合は（have been のような場合）、２つの助動詞の間に置きます。副詞を置く場所を問われる場合もあります。

〈重要〉
最近は、現在完了に限らず、さまざまな時制の英文が問題文として登場し、同様に適切な「副詞」を選ぶという問題が増えています。現在完了でなくても考え方は同じなので、確実に GET してください。

〈問題文の訳〉
ホテルのフロントデスクに私の明細書を取りに行ったら、料金はすでに誰かが支払っていたことを知り驚きました。

――――絶対に押さえておきたいポイント――――
現在完了とともに用いる副詞の問題は、英文を読んで、その意味に適合するものを選ぶしかありません。否定文や疑問文でない場合、yet は自動的に消去してください。

TOEIC 重要単語の紹介 (問題から)

pick up　受け取る、手に取る　　bill　勘定書、明細書

第19問

●次の選択肢の中から正しいものを選びなさい。

Since commercial bank interest rates are low, and the demand for rental units is high, real estate investments are (　　) compared to other investment instruments.

Ⓐ profitably

Ⓑ profit

Ⓒ profited

Ⓓ profitable

【単語の意味】

commercial bank	商業銀行
interest rate	金利
demand [dimǽnd]	需要
real estate	不動産
investment instrument	投資商品

〈2 重要！ よく出る問題〉 **103**

〈答え〉 Ⓓ profitable

できたら…………○
できなかったら…×

〈解説〉

形容詞の問題です。空欄の直前はbe動詞です。be動詞の後ろは、動名詞、現在分詞、過去分詞が続く場合を除けば、形容詞がくるか、「(冠詞)＋名詞」がくるかのいずれかです。この英文の場合、「不動産投資は儲かる」と言いたいわけですから、形容詞のprofitableを選べばいいのです。TOEICによく出る問題のタイプは、「一般動詞の後ろには名詞がくるが、be動詞の後ろには形容詞がくる」というものです。TOEIC的には、「be動詞の後ろは形容詞」と覚えておけばいいでしょう。

profitableは、「儲かる、利益がある」という意味の形容詞です。語尾がableで終わっている語は形容詞だと覚えておくと使えます。

〈問題文の訳〉

市中銀行の貸出金利が低く、賃貸マンションの需要が高いので、不動産投資は他の投資商品に比べると収益が高いです。

―――― 絶対に押さえておきたいポイント ――――

be動詞の後ろには形容詞がくるか、「(冠詞)＋名詞」がくるか、のどちらかですが、TOEICで出題される問題の大半は、「be動詞の後ろは形容詞」の問題です。また「一般動詞の後ろは名詞」もよく出るので、一緒に覚えましょう。

TOEIC重要単語の紹介(問題から)

interest rate 金利	demand 需要
real estate 不動産	profit 利益

第20問

●次の選択肢の中から正しいものを選びなさい。

Profit at most banks exceeded expectations in the fourth quarter of last year (　　) a healthy stock market helped to boost bank fees.

Ⓐ though

Ⓑ while

Ⓒ since

Ⓓ but

【単語の意味】

profit [práfət]	利益
exceed [iksí:d]	上回る、超える
expectation [èkspektéiʃən]	予想、見込み
fourth quarter	第4四半期
stock market	株式市場
boost [bú:st]	押し上げる、高める
fee [fí:]	手数料

〈2 重要! よく出る問題〉 105

〈答え〉 Ⓒ since

できたら…………○
できなかったら…×

〈解説〉

接続詞 since (= because) の問題です。全体の意味を考えるとⒶの though は反対の意味になってしまうため使えません。同様に but も使えません。また、「～する間に、～なのに」という意味のⒷの while も使えません。

接続詞の since は、because と同じで、「～だから」という意味があります。since は、because より少し意味的には弱くなります。この英文の場合、後ろの節が前の節の説明文になっているので「since」を選べば正しい英文になります。since は、because や as と同じ意味なので、since、because、as、が選択肢として一つの問題に一緒に出ることはありません。語と語、句と句、節と節を結ぶのが接続詞なので、接続詞の問題では、それらがどのような関係でつながっているのかを見極めなければなりません。TOEIC では節と節を結ぶ接続詞が取り上げられることが多かったのですが、最近は語と語、句と句を結ぶ接続詞の出題も増えています。

〈問題文の訳〉

株価の上昇が銀行の手数料収入を押し上げたので、昨年の第4四半期には大半の銀行の収益は予想を超えました。

―――― **絶対に押さえておきたいポイント** ――――

接続詞の since は、because や as と同じで、「～だから」という意味があります（since に「～だから」という意味があることを知らない人が時々います）。節と節を結ぶ接続詞の問題は、全文を読んで適切なものを選ばなければならないため、他の問題に比べ時間がかかります。

TOEIC 重要単語の紹介 (問題から)

expectation 予想、見込み　　**stock market** 株式市場
fee 手数料

第21問

● 次の選択肢の中から正しいものを選びなさい。

There is growing evidence that companies have accumulated excess stocks (　) they will wish to clear as soon as possible.

Ⓐ which

Ⓑ whose

Ⓒ where

Ⓓ what

【単語の意味】

evidence [évidns] ……………………… 証拠、印、兆候
accumulate [əkjú:mjəlèit] ……………… 累積する、蓄積する
excess stock ……………………………… 過剰在庫
clear [klíər] ……………………………… 取り除く、片付ける
as soon as possible …………………… できるだけ早く

〈2 重要! よく出る問題〉 107

〈答え〉 Ⓐ which

できたら…………○
できなかったら…×

〈解説〉

関係代名詞の問題です。「companies have accumulated "excess stocks".」「they will wish to clear "excess stocks".」の二つの文を関係代名詞を使って一つの文にしている英文です。二つ目の文の excess stocks は clear の目的語です。ですから、関係代名詞「which」の目的格である「which」を使って、二つの文を一つの文にすればいいのです。which の先行詞は「excess stocks」です。

先行詞が物の場合には「主格は which」「所有格は whose」「目的格は which」でしたね。忘れている人は覚え直しましょう。

関係代名詞の問題は、ほぼ毎回出題されます。目的格の関係代名詞を選ぶ問題は難しいのか、他の関係代名詞の問題に比べると間違える人が増えます。

〈問題文の訳〉

できる限り早く処分したい累積過剰在庫を企業がかかえているという兆しが増大しています。

―――――**絶対に押さえておきたいポイント**―――――

二つのセンテンスを関係代名詞を使って一つのセンテンスにする場合、先行詞が二つ目のセンテンスの目的語になっているときには、関係代名詞の目的格を使います。

TOEIC 重要単語の紹介(問題から)

accumulate 累積する、蓄積する 　　**stock** 在庫

第22問

● 次の選択肢の中から正しいものを選びなさい。

Growth in the automobile industry has (　　) slowed to an annualized rate of one percent, but few economists are willing to predict a drastic drop of the economy.

(A) undoubted

(B) undoubting

(C) undoubtedly

(D) undoubt

【単語の意味】

growth [gróuθ]……………………………………成長、伸び
automobile industry ……………………………自動車産業
annualized rate ……………………………………年率
predict [pridíkt] ……………………………………～を予測する
drastic [dræstik]……………………………………極端な、徹底的な

〈答え〉 ⓒ undoubtedly

できたら…………○
できなかったら…×

〈解説〉

品詞(副詞)の問題です。品詞の問題の場合、空欄の前後を見るだけで解ける場合が多いので、空欄の前後が重要です。空欄の前後は「has slowed」と現在完了形になっています。現在完了形は動詞です。動詞を修飾するのは副詞です。ですから副詞の undoubtedly を選べば正解となります。副詞は、主に、動詞、形容詞、他の副詞、副詞句を修飾します。
品詞の問題は頻出問題です。中でも一番間違えやすいのが「副詞の問題」です。名詞や形容詞の問題は比較的簡単なので、特に副詞の問題のマスターが鍵となります。

〈問題文の訳〉

自動車業界の成長は間違いなく年率1パーセントにまで落ち込みましたが、極端な下落を予想するエコノミストはほとんどいません。

―――― 絶対に押さえておきたいポイント ――――

選択肢に4つとも似たような単語が並んでいる場合、「品詞の問題かも」と考えましょう。現在完了形であっても、進行形であっても、受動態であっても、すべて「動詞」です。それに気付けば、動詞を修飾する「副詞」がすぐに選べるはずです。

TOEIC 重要単語の紹介 (問題から)

| growth 成長、伸び | predict ～を予測する |

第23問

●次の選択肢の中から正しいものを選びなさい。

After the bubble had burst, the securities company accepted only non-career track women, but now any woman (　) for a career track will be given a job interview.

Ⓐ applied

Ⓑ applying

Ⓒ applies

Ⓓ application

【単語の意味】

burst [bə́:rst] ……………………………破裂する、はじける
securities company ……………………証券会社
track [trǽk] ……………………………軌道、進路
job interview …………………………(就職の)面接

〈2 重要！ よく出る問題〉111

〈答え〉 Ⓑ applying

できたら……………○
できなかったら…×

〈解説〉
現在分詞の問題です。分詞には現在分詞と過去分詞があります。両方とも、形容詞的に用いられることが多いです。分詞の使い方としては、修飾する「名詞の前にくる」用法と、「名詞の後にくる」用法があります。この英文の場合は、修飾する「名詞の後にくる」用法です。形容詞ですから名詞を修飾します。現在分詞は「〜している」という意味になり過去分詞は「〜された」という意味になる場合が多いので、直訳してみればどちらが正解なのかわかります。空欄の前後を直訳してみると「応募している女性」と、「〜している」と訳せます。「応募された女性」ではありません。ということは、現在分詞の「applying」が入れば正しい英文になるということです。

〈重要〉
「apply for（〜に応募する）」は TOEIC 的に重要な表現です。リスニング、リーディングともに頻繁に使われる表現です。

〈問題文の訳〉
バブル経済がはじけて以降、証券会社は一般職の女性のみ採用してきましたが、今は総合職に応募する女性も面接を受けられるでしょう。

絶対に押さえておきたいポイント
「〜される」名詞、なのか「〜している」名詞、なのか修飾する名詞を中心に直訳してみましょう。大半の問題はこの方法で解けます。この方法で解けない問題が一部ありますが、それは日本語と英語の語法の違いによるもので難易度の高い問題になります。そのような問題で正答を出すには、普段から英文を読んで語感を鍛えるしかありません。

TOEIC 重要単語の紹介（問題から）

securities company
証券会社

apply 応募する、志願する

job interview（就職の）面接

第24問

●次の選択肢の中から正しいものを選びなさい。

The ABC Corporation, one of the world's largest (　　) of soft drink and snack foods, has introduced voluntary restrictions on its advertising to children.

Ⓐ maker

Ⓑ makered

Ⓒ makering

Ⓓ makers

【単語の意味】

introduce [ìntrəd(j)úːs] ……………~を導入する、取り入れる
voluntary [vάləntèri]……………自発的な、志願の
restriction [ristríkʃən]……………制限、規制
advertise [ǽdvərtàiz] ……………広告する

〈答え〉 Ⓓ makers

できたら…………○
できなかったら…×

〈解説〉

one of + the +最上級の形容詞+名詞の複数形の問題です。
「もっとも…の中の一つ」という場合は、maker ではなく、複数形の makers が正解となります。「名詞は複数形」と覚えておきましょう。

〈参考〉

似た英文で最上級の部分のない問題、例えば one of my friends のように「one of +名詞の複数形」の問題も時々出題されます。狙われるポイントはこの問題と同じで、「名詞の複数形」部分です。

「one of + the +最上級の形容詞+名詞の複数形」の問題も「one of +名詞の複数形」の問題も、TOEIC テスト改変前はパート(6)の常連問題でした。改変後はパート(5)で出題されることになります。

〈問題文の訳〉

ソフトドリンクやスナック菓子の世界最大の製造メーカーの一つである ABC 会社は、子供たち向けの広告宣伝の自主規制を行なうことにしました。

---**絶対に押さえておきたいポイント**---

「もっとも…の中の一つ」という場合は、「one of + the +最上級の形容詞+名詞の複数形」になります。

TOEIC 重要単語の紹介(問題から)

introduce ～を導入する、取り入れる
restriction 制限、規制
voluntary 自発的な、志願の

114

第25問

●次の選択肢の中から正しいものを選びなさい。

The committee in the loan department of the bank is closely examining the types of projects ( ) are being financed now.

Ⓐ what

Ⓑ that

Ⓒ those

Ⓓ how

【単語の意味】

committee [kəmíti]······委員会
loan [lóun]······貸付、融資
closely [klóusli]······念入りに、厳密に
examine [igzǽmin]······調査する
finance [fənǽns]······資金を調達する

〈2 重要！ よく出る問題〉 115

〈答え〉Ⓑ that

できたら…………○
できなかったら…×

〈解説〉
関係代名詞の問題です。
選択肢を見て、関係代名詞の問題ではないか、と考えてください。関係代名詞の問題だとすれば、空欄に入る関係代名詞の先行詞は、空欄の直前の projects です。ということは先行詞は物であり人ではありません。また、先行詞が are 以下の文章の主語の働きをしているので、物が先行詞の場合の主格の関係代名詞 which か that を入れればいいということがわかります。
特殊な英文を除けば、主格の関係代名詞を問う問題の場合、選択肢に that があれば which はない、which があれば that がありません。どちらか選択肢にある方を選んでください。
関係代名詞は頻出問題の一つですが、中でも特によく出るのが関係代名詞の主格の問題です。

〈注意〉
関係代名詞の問題で気をつけなければならないこととして、先行詞が人の場合、目的格に who を選ぶと間違いになるようです。必ず whom を選んでください。会話などでは who が使われていますが、ETS が考える、よりフォーマルな英語でなければ正解にならないようです。

〈問題文の訳〉
銀行の融資部の委員会は、現在資金を提供しているプロジェクトのタイプを綿密に審査しています。

──────**絶対に押さえておきたいポイント**──────
先行詞が物の場合、関係代名詞の主格は which か that です。

TOEIC 重要単語の紹介(問題から)

committee　委員会　　　　　examine　調査する
finance　資金を調達する

第26問

●次の選択肢の中から正しいものを選びなさい。

The Washington officials who are responsible for the nuclear power plant ( ) that the problem of wastes can be solved.

Ⓐ thinks

Ⓑ think

Ⓒ are thought

Ⓓ is thinking

【単語の意味】

official [əfíʃl] ……………………………………職員、公務員
be responsible for ……………………………～の責任がある
nuclear plant ……………………………………原子力発電所
waste [wéist] ……………………………………廃棄物

〈2 重要！ よく出る問題〉 117

〈答え〉 Ⓑ think

できたら…………○
できなかったら…×

〈解説〉
主語と動詞の一致の問題です。
この英文の主語は「The Washington officials」です。空欄の直前の nuclear power plant ではありません。ということは、主語が複数ですから動詞はⒷの think でなければなりません。
主格の関係代名詞 who を使って主部（主語の部分）を長くしてわかりにくくしています。また、空欄の直前に単数名詞のnuclear power plant を置いて、間違いを誘おうとしています。トリック問題です。
トリックのパターンとしては、関係代名詞や前置詞や分詞を使って、主語と動詞の位置を離したり、主語と動詞の間に少し長めの挿入句を入れたり、などさまざまです。
トリックにひっかかって最初は間違える人が多いですが、慣れれば簡単な問題です。改変前は、パート(6)の常連問題でした。改変後はパート(5)で出題されることになります。

〈問題文の訳〉
原子力発電所の責任者であるアメリカ政府職員は、核廃棄物の問題は解決することができると考えています。

———— 絶対に押さえておきたいポイント ————
関係代名詞を使って主語と動詞の位置を離しています。さらに、動詞の直前に紛らわしい名詞を置いてわざと間違わせようとします。動詞の直前に置くのは、主語が複数名詞の場合には単数名詞を、単数名詞の場合には複数名詞を、というパターンが大半です。

TOEIC 重要単語の紹介（問題から）

official　職員、公務員	be responsible for ～の責任がある
waste　廃棄物	

さらに得点UP！

―リーディングセクション―最近の傾向―

2年半、毎回公開TOEICテストを受け続け、最近の出題傾向を見てきました。この1年くらい、語彙問題が半分を占めるようになったと感じています（私の場合、自動詞と他動詞の問題や似通った語彙の問題等、幅を広げて語彙問題と呼んでいます）。

昨年7月に新TOEICの説明会が行なわれました。「新TOEICで変更なしと言われているパート(5)ですが、サンプル問題を見る限り、語彙問題の方が文法問題より多いように思います。新TOEICのパート(5)は語彙問題が中心になるのですか？」という質問が出ました。

ETSから来られたDukeさんは「今までも文法問題半分、語彙問題半分。新TOEICでも文法問題半分、語彙問題半分です」とおっしゃいました。この点を確認したかった私は、説明会終了後、直接Dukeさんに「しつこいようですが、文法問題半分、語彙問題半分なのでしょうか？」と念押しをしました。「その通り、従来のTOEICと同じで、半分半分です」という答えでした。

さらに得点UP!

　新TOEICのパート(6)も、多くは語彙問題です。ということは、リーディングセクションの点数を上げるためには、語彙力を増やさなければなりません。

　しかし、語彙問題はカバーする範囲があまりにも広く、市販の問題集ではあまり多く取り上げられていません。

　ただ、毎回受けていてわかったのですが、繰り返し出題される語彙は確実にあります。

「これまで以上にビジネスの現場での英語運用能力を測れるような実用的な英語のテストに変えていく」と、Dukeさんは繰り返しおっしゃっていました。特に新TOEICのパート(6)は、ビジネス系の英文に慣れていなければ対処できない語彙問題も多いです。

　つまり、ビジネスの現場で頻繁に使われる語彙がますます重要になるということです。日頃から、ビジネス系の英文を読む習慣を身につけ、英文の中でそれぞれの語彙を覚えることが必要になると思います。単語単体で覚えてもあまり役に立ちません。

　一方で、あまりにも語彙力のない方は、単語本も併用し、受験のときのように単語とその意味を覚えていくという作業も大切です。

3

【 時々出るが、大事な問題 】

毎回ではありませんが、時々出題される、重要な問題があります。英文に慣れていない人にはちょっと手ごわいかもしれませんが、出題パターンさえマスターすれば、簡単に解けるものが意外に多いです。

第1問

●次の選択肢の中から正しいものを選びなさい。

His way of thinking about life is similar to (　) because we grew up in similar circumstances.

Ⓐ me

Ⓑ I

Ⓒ my

Ⓓ mine

【単語の意味】

similar [símələr]……………………よく似た、同様の
circumstance [sə́:rkəmstæns]…………状況、事情

〈答え〉 Ⓓ mine

できたら…………○
できなかったら…×

〈解説〉

代名詞の問題です。「彼の考え方は私の考え方に似ている」と言いたいわけです。ですから「私のもの」という意味の所有代名詞である mine が正解となります。Ⓐの me を選ぶ人が多いのですが、me にすると「彼の考え方は私に似ている」になるので不正解となります。間違えないように気をつけましょう。

代名詞の問題は頻出問題です。所有代名詞の問題も時々出題されます。

〈問題文の訳〉

我々は似たような環境のもとで育ったので、彼の人生観は私の人生観と似ています。

────必ず押さえておきたいポイント────

mine（私のもの）、yours（あなたのもの）、hers（彼女のもの）、his（彼のもの）、theirs（彼らのもの）など、「〜のもの」という場合には、所有代名詞を使います。

第 2 問

●次の選択肢の中から正しいものを選びなさい。

The world famous diamond merchant was amazed when he saw the blue diamond because it was the (　) that he had ever seen.

Ⓐ fine

Ⓑ finer

Ⓒ finest

Ⓓ fining

【単語の意味】

merchant [mə́:rtʃənt] ……………商人
amazed [əméizd]……………びっくりした、驚嘆した

〈3　時々出るが、大事な問題〉 **125**

〈答え〉 ⓒ finest

できたら…………○
できなかったら…×

〈解説〉

最上級の問題です。

空欄の前に、形容詞の最上級の場合の定冠詞「the」があります。また最後に「これまで見た中で」という最上級の場合に使う「he had ever seen」という表現もあります。ということは、空欄には形容詞の最上級を入れればいいということになります。

最上級の問題は比較級の問題に比べると出題頻度は低くなりますが、時々出る問題です。出題パターンさえマスターすれば簡単です。

〈問題文の訳〉

世界的に有名なダイヤモンド商人は、そのブルーダイヤモンドを見たときに、それが今までに見た中でもっとも上質なものだったので、驚きました。

―――――必ず押さえておきたいポイント―――――

「定冠詞の the」と「had ever seen」がヒントになり、最上級の英文だと判断できます。他にも、「定冠詞」と「後ろの of」がヒントになる場合や、「定冠詞」と「後ろの in」がヒントになる場合など、さまざまな形で出題されます。

―――― **TOEIC 重要単語の紹介**(問題から) ――――

merchant　商人　　　　amazed
　　　　　　　　　　　　びっくりした、驚嘆した

第3問

●次の選択肢の中から正しいものを選びなさい。

From the end of the last decade, trading rooms ( ) dramatically because of the increased speed of world trade.

Ⓐ changed

Ⓑ have changed

Ⓒ will change

Ⓓ had changed

【単語の意味】

decade [dékeid]……………………10年、10年間
dramatically [drəmǽtikəli]……………劇的に

〈答え〉 Ⓑ have changed

〈解説〉
現在完了の問題です。ヒントは「From the end of the last decade」です。「10年前から」という意味になり、期間があります。期間があるので、現在完了形が正しい形です。ですから、have changed が正解となります。

〈重要〉
現在完了の問題は、期間を表す表現があるかどうかで考えてください。期間を表す表現があれば現在完了形です。また、「～して以来」という意味の「since」が使われている場合も現在完了形です。

最近のテストでは、since のように決まった単語だけで判断するというような単純な問題だけではなく、この問題のようにさまざまな表現を使って出題され始めました。英文を読んで期間があるかどうかを考えましょう。

〈問題文の訳〉
10年前から、世界取引のスピードが速くなったために、トレーディングルームは劇的に変わりました。

―――必ず押さえておきたいポイント―――
現在完了の問題は、期間を表す表現があるかどうかで考えてください。期間を表す表現があれば現在完了形です。また「～して以来」という意味の「since」が使われている場合も現在完了形です。

第4問

●次の選択肢の中から正しいものを選びなさい。

Some Chinese banks have tried to avoid (　　) non-performing loans that they have hidden in subsidiaries.

Ⓐ to disclose

Ⓑ disclosing

Ⓒ disclose

Ⓓ that disclose

【単語の意味】

disclose [disklóuz]……………開示する、明らかにする
non-performing loan……………不良債権
subsidiary [səbsídièri]……………子会社

〈3　時々出るが、大事な問題〉 **129**

〈答え〉Ⓑ disclosing

できたら…………○
できなかったら…×

〈解説〉
動名詞と不定詞の問題です。
他動詞には、目的語に「動名詞しかとれない他動詞」と、「不定詞しかとれない他動詞」と、「両方ともとれる他動詞」があります。
また、両方ともとれる他動詞の中にも、意味が同じものもあれば、意味が異なるものもあります。英語を使いなれていない人は一つずつ覚えていくしかありません。「avoid」は動名詞しかとれない他動詞です。
動名詞しかとれない他動詞の代表的なものに、
appreciate, mind, enjoy, avoid, consider, miss などがあります。
不定詞しかとれない他動詞の代表的なものに、
expect, fail, offer, promise, want, prepare などがあります。

〈問題文の訳〉
中国の銀行数行は、子会社に隠している不良債権の情報開示を避けようとしてきました。

―――――必ず押さえておきたいポイント―――――
他動詞には、目的語に動名詞しかとれないもの、不定詞しかとれないもの、forget や remember のように両方ともとれるけれど意味も異なるもの、begin、start、like などのように両方とれて意味が同じものがあります。
「avoid」は、目的語に動名詞しかとれない他動詞です。

TOEIC 重要単語の紹介 (問題から)

disclose
開示する、明らかにする

subsidiary　子会社

第5問

●次の選択肢の中から正しいものを選びなさい。

If the supplier ( ) the stock within one week, we will make payments immediately after receipt of the goods.

- Ⓐ to send
- Ⓑ sends
- Ⓒ had sent
- Ⓓ send

【単語の意味】

supplier [səpláiər] ……………供給業者、納入業者、仕入れ先
stock [sták] …………………在庫、品物
make payment ………………支払う
immediately [imí:diətli] ……すぐに、早急に
receipt [risí:t] ………………受領、入荷

〈3 時々出るが、大事な問題〉 131

〈答え〉 Ⓑ sends

できたら…………○
できなかったら…×

〈解説〉
条件の問題です。If によって条件を表す場合、未来のことでも現在形が使われます。この文の場合、主語が三人称単数ですから s をつけて sends が正解になります。このような問題は時々出題されるので、「条件」の構文の形を覚えておきましょう。
条件節（if の後ろ）は動詞の現在形、帰結節（コンマの後ろ）は助動詞の原形+動詞の原形です。

〈問題文の訳〉
業者が一週間以内に品物を送るなら、その商品を受け取り次第、代金を支払います。

―――――必ず押さえておきたいポイント―――――

If によって条件を表す場合、未来のことでも現在形が使われます。形は、条件節（if の後ろ）は動詞の現在形、帰結節（コンマの後ろ）は助動詞の原形+動詞の原形です。

TOEIC 重要単語の紹介（問題から）

supplier
　供給業者、納入業者、仕入れ先
receipt 受領、入荷

stock 在庫、品物

第6問

●次の選択肢の中から正しいものを選びなさい。

The recession was ( ) deep that the decline in production has opened up a huge gap between Japan's actual and potential output.

(A) such

(B) very

(C) well

(D) so

【単語の意味】

recession [riséʃən] ……………不景気、不況
decline [dikláin] ………………下落、減少
production [prədʌ́kʃən] ………生産
huge [hjúːdʒ] ……………………巨大な、莫大な
potential [pəténʃəl] ……………潜在的な、可能な
output [áutpùt] …………………生産高

〈3 時々出るが、大事な問題〉 133

〈答え〉Ⓓ so

できたら…………○
できなかったら…×

〈解説〉

so 〜 that.../such 〜 that... の問題です。英文全体を見ると、「so 〜 that...」か「such 〜 that...」（とても〜なので ...）の構文だと、すぐに気付くはずです。deep は形容詞です。形容詞の前は such でなく、so を使わなければなりません。

〈重要〉

ちなみに、so の代わりに such が使われていたら、後ろに名詞が続きます。so 〜 that...、such 〜 that... は一緒に覚えておいてください。so や such に続く形容詞や名詞の部分が空欄になっていて、適切な品詞を入れさせるタイプの問題もあります。その場合には、so や such をヒントに適切な品詞（形容詞か名詞）を選んでください。

〈問題文の訳〉

不況が大変深刻だったので、生産が減少し、日本の潜在的な生産高と実際の生産高の間にかなりのギャップをうみました。

必ず押さえておきたいポイント

「so 〜 that...」の場合には so の後ろは形容詞、
「such 〜 that...」の場合には such の後ろは名詞、が続かなければなりません。

TOEIC 重要単語の紹介（問題から）

recession 不景気、不況	decline 下落、減少
production 生産	output 生産高

第7問

●次の選択肢の中から正しいものを選びなさい。

(　　) the time of his presidency, President Jefferson doubled the size of the United States by the Louisiana Purchase.

Ⓐ While

Ⓑ As

Ⓒ In

Ⓓ During

【単語の意味】

presidency [prézədənsi] ……… 大統領の地位、大統領の職
double [dʌ́bl] ……………………… 2倍にする
purchase [pə́ːrtʃəs] ……………… 購入

〈3　時々出るが、大事な問題〉 **135**

〈答え〉 ⓓ During

できたら…………○
できなかったら…×

〈解説〉

while と during の問題です。while も during も「～の間に」という意味ですが、during は前置詞なので後ろが名詞(句)の場合に使います。while は接続詞なので後ろが節 (S+V) の場合に使います。この英文の場合、空欄の後ろは、(名詞)句になっています。ですから during が正解となります。まず選択肢を見ます。選択肢に、while と during の両方があれば、「あっ、あの問題だ」と気付いてください。そうすれば、空欄の後ろが節なのか、名詞(句)なのかをチェックするだけで問題は解けます。

〈重要〉

ただ、一つだけ例外があります。空欄の後ろが「～ ing 形」の場合は、要注意です。空欄の後ろが「～ ing 形」の場合は、後ろが名詞(句)であっても、正答として while を選んでください。この例外のパターンも時々出題されます。

〈問題文の訳〉

ジェファソンが大統領だった時に、ルイジアナの購入により、合衆国の面積を2倍にしました。

必ず押さえておきたいポイント

先に選択肢を見ます。選択肢に、while と during の両方があれば、「あっ、while と during の問題だ！」と気付いてください。気付いたら、空欄の後ろの形を見て、節であれば「while」、名詞(句)であれば「during」。1秒で解けます。ただ、気をつけなければならないのは、例外（後ろが～ ing 形）の場合です。例外のパターンでないかどうかは一応チェックしておきましょう。

TOEIC 重要単語の紹介(問題から)

purchase 購入

第8問

●次の選択肢の中から正しいものを選びなさい。

(　) the unemployment rate was 0.3 percentage points lower than December, the rate may rise again in April when this year's graduates join the labor market.

Ⓐ Because

Ⓑ Though

Ⓒ While

Ⓓ Unless

【単語の意味】

unemployment rate …………………… 失業率
graduate [ɡrǽdʒuèit] ………………… 卒業生
labor market ………………………… 労働市場

〈3　時々出るが、大事な問題〉 **137**

〈答え〉 Ⓑ Though

できたら…………○
できなかったら…×

〈解説〉

接続詞の問題です。節と節（語と語、句と句）をつなぐのが接続詞です。この問題では、それぞれの節と節がどのような関係でつながっているのかを、考えなければなりません。英文を読むと、コンマの前と後ろの節では反対の（矛盾する）内容になっています。ですから、譲歩を表す接続詞の「Though」（〜だけれども）が正解となります。Ⓐの Because（なぜなら）でも、Ⓒの While（その上、〜なのに）でもⒹの Unless（もし〜でなければ）でも、意味が通りません。

この問題のように「節と節を結ぶ接続詞」の問題は、節と節、つまりコンマの前と後ろで意味がどのようにつながっているのかを考えなければならないため、英文全体を読まなければならず、時間がかかります。

TOEIC でよく出題される接続詞には、and、but、or、because、as、since、though/although などがあります。

〈問題文の訳〉

12月比で失業率は 0.3 パーセント下がりましたが、今年の新卒者が労働市場に参入する4月には再度上昇するかもしれません。

──必ず押さえておきたいポイント──

接続詞の問題が出たら、語と語、句と句、節と節、の意味上の関係を考えてください。よく出ていたのは節と節を結ぶ接続詞でしたが、最近では、語と語、句と句を結ぶ接続詞の問題が出題され始めています。語と語、句と句を結ぶ接続詞の問題は、全文を読む必要がないので短時間で解けます。

TOEIC 重要単語の紹介(問題から)

unemployment 失業　　　graduate 卒業生

第9問

●次の選択肢の中から正しいものを選びなさい。

The ABC Airline said it expected losses (　　) from ¥1 billion last year to ¥3 billion in the year ending next March.

Ⓐ tripling

Ⓑ triple

Ⓒ to triple

Ⓓ will triple

【単語の意味】

expect [ikspékt] ……………………期待する、予期する
loss [lɔ́s] ………………………………損失
triple [trípl] ……………………………3倍になる、3倍にする

〈答え〉 ⓒ to triple

できたら…………○
できなかったら…×

〈解説〉

expect + 目的語 + to 不定詞の問題です。「expect + 目的語 + to 不定詞」で「〜が ... すると予期する」という意味でよく使います。この英文ではこの表現が使われています。ですから、expected losses の後ろには「to 不定詞(to + 動詞の原形)」が続きます。ということは、ⓒの「to triple」が正解だということです。

〈参考〉

allow も同様で、「allow + 目的語 + to 不定詞」の形で使われ、「〜に ... することを許す」という意味になります。allow を使った表現も出題されることがあるので、一緒に覚えておきましょう。

〈重要〉

expect に関連した表現では、「be expected to 〜」という慣用表現も重要です。「〜と思われる」という意味で、経済やビジネス関連の文章によく使われます。この表現に関する問題も、実際に最近の TOEIC テストで出題されたことがあります。

〈問題文の訳〉

ABC 航空は、赤字が昨年の 10 億円から、本年度（3 月年度末）には 30 億円と 3 倍になる見通しだと発表しました。

―――― **必ず押さえておきたいポイント** ――――

「expect + 目的語 + to 不定詞」で「〜が ... すると予期する」という意味でよく使います。

TOEIC 重要単語の紹介(問題から)

expect 期待する、予期する　　loss 損失

第10問

●次の選択肢の中から正しいものを選びなさい。

If I had become a CPA sooner, I (　) save more with my earnings.

Ⓐ will have been able to

Ⓑ would have been able to

Ⓒ have been able to

Ⓓ am able to

------【単語の意味】------

CPA ……………………公認会計士 (certified public accountant)
earnings [ə́ːrniŋz] ……所得、収入、収益

〈答え〉

できたら…………○
できなかったら…×

Ⓑ would have been able to

〈解説〉

仮定法過去完了の問題です。

If があったら「仮定法か条件」だと考えます。空欄がない方の節の形を見てそれをヒントに空欄に入る形を選べばいいのです。条件節（if 節）の後ろは「動詞の過去完了形（had + 過去分詞）」になっているので「仮定法過去完了」だとわかります。ですから、帰結節（コンマの後ろ）は、「助動詞の過去形 + 動詞の現在完了形（have + 過去分詞）」を選べばいいということになります。「仮定法過去完了」は仮定法の中では一番出題頻度の高い問題です。

仮定法過去完了は、過去の事実に反することを言う場合に使います。

〈問題文の訳〉

もっと早く CPA になっていたら、収入でさらに貯蓄できたのに。

―――――必ず押さえておきたいポイント―――――

If ではじまっていたら、「仮定法か条件かな？」と考えます。次に空欄のない方の節を見ます。空欄のない方、つまり条件節は、had become（動詞の過去完了形）になっています。ということは、「仮定法過去完了」だということです。自動的にコンマより後ろ（帰結節）の形はわかるはずです。

TOEIC 重要単語の紹介（問題から）

earnings 所得、収入、収益

第11問

●次の選択肢の中から正しいものを選びなさい。

Economists argue that profit margins are narrowing in many of the markets (　) Taiwan is the strongest.

Ⓐ which

Ⓑ that

Ⓒ when

Ⓓ where

【単語の意味】

profit margin……………………利益幅、利幅
narrow [nǽrou]……………………低下する、減少する
market [má:rkit]……………………市場

〈答え〉 ④ where

〈解説〉
関係副詞の問題です。(前置詞＋関係代名詞)の働きをするものが関係副詞です。ですから、関係副詞は、「前置詞＋関係代名詞」で書き換えることができます。関係副詞には、時を表す when、場所を表す where、理由を表す why、方法を表す how があります。この英文の場合、空欄の直前に「in many of the markets」とありますから、「in which」、つまり、「前置詞＋関係代名詞」に書き換えられます。ということは、関係副詞「where」を入れれば正解ということになります。もちろん、選択肢に、(in which)があれば、それも正解になります。

〈問題文の訳〉
台湾がもっとも競争力を有する市場の多くで、利幅が縮小しつつある、とエコノミストは主張しています。

---必ず押さえておきたいポイント---

「前置詞＋関係代名詞」の働きをするのが関係副詞です。ですから、「前置詞＋関係代名詞」に書き換えられるものであれば、関係副詞を選べば正解となります。

TOEIC 重要単語の紹介（問題から）

market 市場

第12問

●次の選択肢の中から正しいものを選びなさい。

Astellas has used enough funds for its R&D unit since 2005 (　　) Yamanouchi and Fujisawa merged.

- Ⓐ which
- Ⓑ that
- Ⓒ when
- Ⓓ where

【単語の意味】

fund [fʌ́nd] ……………………………………………… 資金
R&D ……………………………………………………… 研究開発
merge [mə́:rdʒ] ………………………………………… 合併する

〈3 時々出るが、大事な問題〉 145

〈答え〉 Ⓒ when

できたら…………○
できなかったら…×

〈解説〉

関係副詞の問題です。(前置詞＋関係代名詞)の働きをするものが関係副詞です。ですから、関係副詞は、「前置詞＋関係代名詞」で書き換えることができます。関係副詞には、時を表す when、場所を表す where、理由を表す why、方法を表す how があります。

この英文の場合、空欄部分は「in which（=in 2005）」(前置詞＋関係代名詞)に書き換えることができます。ということは、時を表す関係副詞「when」に直せば正解だということです。

〈問題文の訳〉

山之内製薬と藤沢薬品が合併した 2005 年以降、アステラス製薬は研究開発費に十分な資金を使ってきました。

---必ず押さえておきたいポイント---

「前置詞＋関係代名詞」の働きをするのが関係副詞です。ですから、「前置詞＋関係代名詞」に書き換えられるものであれば、関係副詞を選べば正解となります。

TOEIC 重要単語の紹介(問題から)

fund 資金	R&D 研究開発
merge 合併する	

第13問

●次の選択肢の中から正しいものを選びなさい。

The president of the company realized that production was dependent upon how healthy the workers were, so he decided to make the working environment (　).

Ⓐ health

Ⓑ healthily

Ⓒ healthier

Ⓓ healthiest

【単語の意味】

dependent upon …………～次第である、～によって決まる
working environment ……労働環境、職場環境

〈答え〉 Ⓒ healthier

できたら…………○
できなかったら…×

〈解説〉

「make +目的語+形容詞」の問題です。
make の後ろに目的語がきてその後ろに形容詞がくる、というタイプの問題は最近時々出題されます。
この問題が難しいのは、目的語の後ろが通常の形容詞ではなく形容詞 healthy の比較級になっている点です。比較級になってはいても形容詞だということに気付いてください。
Ⓓの healthiest も形容詞 healthy の最上級ではありますが、healthiest では英文の意味が通りません。

〈問題文の訳〉

会社の社長は生産は従業員がいかに健康であるかにかかっていることに気付いたので、労働環境をより健全なものにしようと決めました。

───── **必ず押さえておきたいポイント** ─────

「make +目的語+補語（形容詞）」で「～を...にする」という意味になります。
形容詞の部分が比較級になっていても、形容詞だと気付いてください。

第14問

● 次の選択肢の中から正しいものを選びなさい。

The problem is ( ) plants in China have run out of working capital to buy components.

(A) where

(B) which

(C) that

(D) as

【単語の意味】

plant [plǽnt] ……………………………… 工場
run out of …………………………………… ～を使い果たす
working capital …………………………… 運転資金
component [kəmpóunənt] ……………… 部品

〈答え〉 Ⓒ that

できたら…………○
できなかったら…×

〈解説〉

従位接続詞 that の問題です。that 節（that + S + V）は名詞の働きをし、主語、補語、目的語となります。この英文では、that ではじまる that 節（that + S + V）が、文の補語として使われています。他に that 節は、主語、目的語としても使われます。

この英文は、S + V + C（that 節）と、that 節が補語になっているので、「problem は that 以下です」という意味になります。that 節が補語として使われる場合以外にも、主語として使われる場合や、目的語として使われる場合の問題もそれぞれチェックしておきましょう。一見難しそうですが、英語を使いなれている人にとっては簡単な問題です。

〈問題文の訳〉

問題は、中国の工場が部品を購入するための運転資金を使い果たしてしまったということです。

──必ず押さえておきたいポイント──

that 節（that + S + V）は「S が V すること」という意味になり、補語として使われます。他にも、主語としても、目的語としても使われます。

TOEIC 重要単語の紹介（問題から）

plant 工場	component 部品

第15問

●次の選択肢の中から正しいものを選びなさい。

A bigger question has been (　　) the new Philippine government would seek some debt forgiveness from its creditor nations.

Ⓐ what

Ⓑ which

Ⓒ whether

Ⓓ whose

【単語の意味】

seek [síːk] ……………………………………求める
debt [dét] ………………………………………債務、負債
forgiveness [fərgívnəs] ……………………免除、許し
creditor [kréditər] ……………………………債権者

〈3 時々出るが、大事な問題〉 151

〈答え〉 ⓒ whether

できたら…………○
できなかったら…×

〈解説〉

従位接続詞 whether の問題です。whether は「〜かどうか」という意味の従位接続詞で、「whether + S + V」で名詞の働きをし、主語、補語、目的語となります。この英文では補語として使われています。whether の代わりに「if」を使ってもまったく同じ意味になり、正解となります。
英語を使いなれている人にとっては簡単な問題です。

〈参考〉

「従位接続詞 that の問題」「従位接続詞 whether の問題」は時々出題されます。このタイプの問題は練習をしておかないと、英語に慣れていない人は間違えるかもしれません。

〈問題文の訳〉

さらに大きな問題は、新しいフィリピン政府が債権国に対し債権放棄を求めるかどうかということです。

―――― 必ず押さえておきたいポイント ――――

whether は「〜かどうか」という意味の従位接続詞で、「whether + S + V」で名詞の働きをし、主語、補語、目的語となります。後ろが節で、かつ訳してみて「〜かどうか」と訳せたら「whether」を選びましょう。

TOEIC 重要単語の紹介(問題から)

seek　求める
creditor　債権者
debt　債務、負債

第16問

●次の選択肢の中から正しいものを選びなさい。

( ) President Kennedy was campaigning to boost his popularity in Texas, he was assassinated.

Ⓐ With

Ⓑ Because

Ⓒ While

Ⓓ During

【単語の意味】

president [prézədənt] ……………大統領
campaign [kæmpéin] ……………遊説する
boost [bú:st] ……………………高める、押し上げる
assassinate [əsǽsənèit] ……………暗殺する

〈3 時々出るが、大事な問題〉 153

〈答え〉 Ⓒ While

できたら…………○
できなかったら…×

〈解説〉

while と during の問題です。while も during も「〜の間に」という意味ですが、during は前置詞なので後ろが名詞(句)の場合に使います。while は接続詞なので後ろが節 (S+V) の場合に使います。この英文の場合、空欄の後ろは節になっています。ですからⒸの While を使います。

〈重要〉

ただ、一つだけ例外があります。空欄の後ろが「〜 ing 形」の場合は、要注意です。空欄の後ろが「〜 ing 形」の場合は、後ろが名詞(句)であっても、正答として while を選んでください。例外のパターンも時々出題されます。時を表す副詞節では、主節の主語と従属節の主語が同じ場合には、主節の主語を省略して動詞を〜 ing にして表せるからです。

〈問題文の訳〉

ケネディー大統領は、その人気を高めようとテキサスで遊説している最中に暗殺されました。

―――― 必ず押さえておきたいポイント ――――

先に選択肢を見ます。選択肢に、while と during の両方があれば、「あっ、while と during の問題だ!」と気付いてください。気付いたら、空欄の後ろの形を見て、節であれば「while」、名詞(句)であれば「during」を選びます。1秒で解けます。

TOEIC 重要単語の紹介(問題から)

president 大統領

第17問

●次の選択肢の中から正しいものを選びなさい。

The ( ) advertised products were not appealing to the customers, so the company sales declined.

Ⓐ wide

Ⓑ widedly

Ⓒ widely

Ⓓ wider

【単語の意味】

advertise [ǽdvərtàiz] ……………宣伝する
product [prάdəkt]……………………製品
appeal [əpíːl]……………………………気に入る、興味を起こさせる
customer [kʌ́stəmər] ………………顧客、(得意)客
decline [dikláin] ………………………落ち込む、減少する

〈3 時々出るが、大事な問題〉 155

〈答え〉 Ⓒ widely

できたら…………○
できなかったら…×

〈解説〉

品詞(副詞)の問題です。空欄の後ろの「advertised」は「過去分詞」です。分詞は形容詞の働きをします。形容詞を修飾するのは副詞です。ですから、空欄直後の advertised を修飾するためには、副詞の「widely」を使わなければなりません。Ⓑの widedly は一見副詞で正答のようですが、widedly という単語はありません。

副詞は、主に、動詞、形容詞、他の副詞、副詞句を修飾します。

〈重要〉

語尾に「ly」がついている場合は副詞だとすぐに気付きますが、語尾に「ly」がつかない副詞の場合、よく間違えます。often、seldom、very、well などがそうです。hard、fast、late などのように、形容詞と同形の副詞もあり、混同されがちです。気をつけましょう。品詞の問題は頻出問題です。中でも一番間違えやすいのが「副詞の問題」です。名詞や形容詞の問題は比較的簡単なので、副詞の問題のマスターが鍵です。

〈問題文の訳〉

広く宣伝された製品は顧客にとって魅力的でなかったため、会社の売上げは落ち込みました。

―――必ず押さえておきたいポイント―――

現在分詞 (～ing)、過去分詞 (～ed) などの分詞は形容詞の働きをします。形容詞を修飾するのは副詞です。

TOEIC 重要単語の紹介(問題から)

advertise 宣伝する　　　　product 製品
customer 顧客、(得意)客

第18問

●次の選択肢の中から正しいものを選びなさい。

The Federal Reserve Boards, the banking and securities watchdog body, began exacting (　　) stricter standards of disclosure on bad loans.

Ⓐ ever

Ⓑ further

Ⓒ far

Ⓓ like

【単語の意味】

Federal Reserve Boards	連邦準備制度理事会
banking [bǽŋkiŋ]	銀行業
securities [sikjúərətiz]	証券
watchdog body	監視機関
exact [igzǽkt]	強要する
strict [stríkt]	厳しい、厳格な
disclosure [disklóuʒər]	開示
bad loan	不良債権

《3　時々出るが、大事な問題》 **157**

〈答え〉Ⓒ far

できたら…………○
できなかったら…×

〈解説〉
比較級の強調の問題です。比較級を強調する場合、比較級の前に、「far」や「much」をつけます。ですから、Ⓒの far が正解となります。
ちなみに、最上級を強調する場合には、「ever」や「yet」や「by far」などを用います。しかし、「比較級を強調する問題」は過去2年の間に数度出題されましたが、「最上級を強調する問題」の出題はありません。

〈問題文の訳〉
銀行と証券会社の監視機関である FRB（連邦準備制度理事会）は、より厳しい不良債権開示基準を要求し始めました。

──────必ず押さえておきたいポイント──────
比較級を強調する場合は、「far」や「much」を比較級の前につけます。

TOEIC 重要単語の紹介(問題から)

banking 銀行業	securities 証券
strict 厳しい、厳格な	disclosure 開示

第19問

●次の選択肢の中から正しいものを選びなさい。

A team of the engineers and buyers plans to meet more than 100 suppliers in New York next week to (　　) possible outsourcing of various components.

Ⓐ discuss with

Ⓑ discussing

Ⓒ discuss

Ⓓ discuss about

【単語の意味】

supplier [səpláiər] ················業者、仕入先
outsourcing [àutsɔ́ːrsiŋ] ············外注、外注委託
various [véəriəs] ················いろいろな、さまざまな
component [kəmpóunənt] ········部品

〈3　時々出るが、大事な問題〉 159

〈答え〉 ⓒ discuss

できたら…………○
できなかったら…×

〈解説〉
自動詞と他動詞の問題です。自動詞と他動詞の問題は時々出題されます。
discuss は、「議論する」という意味の他動詞です。ですから目的語の「possible outsourcing of ～」がすぐ後ろにきます。前置詞はいりません。また、Ⓑの discussing は不定詞 to の後ろには使えません。

〈重要〉
動詞には、自動詞と他動詞があり、自動詞は目的語をとりません。一方、他動詞は目的語をとります。したがって、他動詞の後ろに前置詞がくることはありません。
難しいのは、同じ動詞が、自動詞でも他動詞でも使われる場合です。動詞一つ一つについて、自動詞か他動詞かを覚えていくのは至難の業です。discuss のように繰り返し出題される他動詞はまれで、2年以上受け続けてきましたが、さまざまな「他動詞」が出題されていました。普段から多くの英文を読んでいると感覚でわかるようになります。

〈問題文の訳〉
エンジニアとバイヤーのチームは、来週ニューヨークで100社を超える業者と会い、さまざまな部品の外注の可能性について協議することになっています。

―――― 必ず押さえておきたいポイント ――――
discuss は、「議論する」という意味の他動詞なので、目的語がすぐ後ろにきます。前置詞はいりません。

TOEIC 重要単語の紹介（問題から）

supplier 業者、仕入先	**various** いろいろな、さまざまな
component 部品	**discuss** 議論する

第20問

●次の選択肢の中から正しいものを選びなさい。

Several analysts questioned whether the bill would achieve its aim of recapitalizing Japan's ailing banks and thereby (　) the credit squeeze.

Ⓐ will ease

Ⓑ to ease

Ⓒ eased

Ⓓ ease

【単語の意味】

bill [bíl] ……………………………… 法案
aim [éim] ……………………………… 目的、狙い
recapitalize [rikǽpətəlàiz] ……… ～に資金を再供給する
ailing [éiliŋ] ………………………… 経営難の、不調の
thereby [ðèərbái] …………………… それによって、その結果
credit squeeze ……………………… 貸し渋り、信用収縮

〈3　時々出るが、大事な問題〉 161

〈答え〉 Ⓓ ease

できたら…………○
できなかったら…×

〈解説〉

並立／並列の問題です。

この英文の場合、「achieve」も「ease」も achieve の前の would に続いています。「would achieve」and (thereby)「would ease」ですが、ease の前の would は二度目なので省略されています。頭でわかっていても、英文が長くなると気付きにくいものです。

英文では、文章の構造を並立にした方がいいとされています。並立／並列の問題は時々出題される問題です。この問題は英文が少し複雑なので並立／並列の問題の中では、少し難易度の高い問題です。

〈問題文の訳〉

数名のアナリストは、その法案が経営難に陥っている日本の銀行の資本増強という目的を達成し、それによって貸し渋りを緩和するかどうかについて、疑問に思いました。

―――――**必ず押さえておきたいポイント**―――――

複数の名詞や動詞等が、並立に並んでいる場合、それらの形が同じであるかどうかチェックしましょう。

TOEIC 重要単語の紹介(問題から)

bill　法案	aim　目的、狙い
ease　緩和する	

第21問

●次の選択肢の中から正しいものを選びなさい。

The ABC Corporation, (　) toys include Blue Bear and Black Bear, promised to pay half of its earnings in dividends after it reported good results.

Ⓐ which

Ⓑ what

Ⓒ whose

Ⓓ those

【単語の意味】

toy [tɔ́i] ······················おもちゃ
promise [prɑ́məs] ···············約束する、断言する
earnings [ə́ːrniŋz] ··············収益
dividend [dívidènd] ·············配当(金)

〈3　時々出るが、大事な問題〉 **163**

〈答え〉 ⓒ whose

できたら…………○
できなかったら…×

〈解説〉
関係代名詞の問題です。英文の意味が通るためには、空欄の前後は、「ABC 会社 "の" ブランドには~が含まれる」という意味にしなければなりません。ということは、空欄に入る関係代名詞は、先行詞（The ABC Corporation）の所有格の働きをするものであればいいということです。先行詞（The ABC Corporation）は人ではないので、主格なら which、所有格なら whose、目的格なら which になります。ということは、ⓒの whose を選べば正しい英文になるということです。
関係代名詞 which の変化は、
which（主格）- whose（所有格）- which（目的格）です。
関係代名詞 who の変化は、
who（主格）- whose（所有格）- whom（目的格）です。
関係代名詞の問題はよく出ます。

〈注意〉
「先行詞が人で目的格の関係代名詞を選ぶ問題」の場合、必ず whom を選んでください。会話では who が使われていますが、TOEIC ではバツになるようです。気をつけましょう。

〈問題文の訳〉
ブルーベアやブラックベアのおもちゃを商品に持つ ABC 会社は、好調な業績を発表した後に、収益の半分を配当にまわすと約束をしました。

必ず押さえておきたいポイント

「先行詞の所有格」の働きをする関係代名詞は「whose」です。「"先行詞"の~」と訳せば関係代名詞の所有格を入れれば正解、ということになります。

TOEIC 重要単語の紹介(問題から)

promise 約束する、断言する　**earnings** 収益
dividend 配当(金)

第22問

●次の選択肢の中から正しいものを選びなさい。

( ) taking drastic measures, the fall in sales of White Pharmaceutical Company will continue as a structural problem.

Ⓐ While

Ⓑ Without

Ⓒ Except

Ⓓ Unless

【単語の意味】

drastic [dræstik] ……………………抜本的な、徹底的な
measure [méʒər] ……………………手段、対策
structural [strʌ́ktʃərəl] ……………構造上の

〈答え〉 Ⓑ Without

できたら…………○
できなかったら…×

〈解説〉

unless と without の問題です。unless も without も「〜でなければ」で、同様の意味ですが、後ろに節がくる場合は「unless」、後ろに名詞(句)がくる場合は「without」を使います。

この英文の場合、空欄の後ろが名詞(句)になっています。ですから「Without」にしなければなりません。時々出題される問題です。

unless と without、それぞれの使い方を一緒に覚えておくといいと思います。

〈問題文の訳〉

抜本的な対策を施さなければ、ホワイト製薬の売上高の減少は、構造問題として続くでしょう。

---必ず押さえておきたいポイント---

「〜でなければ」という意味の英文にしたい場合、後ろが節なのか、名詞(句)なのかを最初に見ます。後ろが名詞(句)の場合は「without」を、後ろが節の場合は「unless」を使います。選択肢に「without」と「unless」の両方があったら、「あっ、あの問題だ」と気付いてください。

TOEIC 重要単語の紹介(問題から)

measure 手段、対策   structural 構造上の

第23問

●次の選択肢の中から正しいものを選びなさい。

The decline (　　) retail sales explains the continuing weakness in personal consumption, which accounts for nearly 60 percent of Japanese domestic output.

Ⓐ at

Ⓑ for

Ⓒ in

Ⓓ with

【単語の意味】

decline [dikláin] ……………減少、下落
retail sales ………………小売売上高
personal consumption ……個人消費
account for …………………〜の割合を占める、〜を説明する
domestic [dəméstik] ………国内の
output [áutpùt] ……………生産高

〈3 時々出るが、大事な問題〉 **167**

〈答え〉 Ⓒ in

できたら……………○
できなかったら…×

〈解説〉

前置詞の問題です。「～の減少」という意味で decline を名詞として使う場合は、「decline in」になります。日頃、ビジネスで英語を使っている方にとっては、頻繁に接している言い回しではないかと思います。increase in「～の増加」も一緒に覚えておくと、ビジネスで使えて便利です。どの名詞にどの前置詞を使うかは、一つずつ覚えていかなければなりませんが、問題集を解きながら、よく目にする表現を覚えていくのが早いと思います。今回の問題のように、ビジネスの現場で頻繁に使われる表現は要注意です。

〈重要〉

前置詞関連の問題は、毎回、数問ずつ出題されます。特に、時を表す前置詞と、慣用表現の一部として使われている前置詞がよく出ます。

〈問題文の訳〉

小売売上高の減少は、日本の国内総生産の 60 パーセント近くをしめる個人消費の継続的低迷を表しています。

---必ず押さえておきたいポイント---

decline in ～「～の減少」、decrease in「～の減少」、increase in ～「～の増加」等のような表現では「in」を使います。ビジネスの現場で頻繁に使う表現なので、TOEIC 的にも重要です。

TOEIC 重要単語の紹介(問題から)

retail 小売り、小売りの

account for
　～の割合を占める、～を説明する

output 生産高

168

第24問

●次の選択肢の中から正しいものを選びなさい。

( ) manufacturers including IBM and Dell are preparing to report falling profits as intense price competition and the strength of the dollar hampered the result of their operations.

Ⓐ Other

Ⓑ Another

Ⓒ The other

Ⓓ Others

【単語の意味】

manufacturer [mænjəfǽktʃərər] ……… 製造メーカー
profit [práfət] ……………………………… 利益
intense [inténs] …………………………… 強烈な、激しい
price competition ………………………… 価格競争
hamper [hǽmpər] ………………………… 阻む、妨げる
operation [àpəréiʃən] …………………… 業務、事業

〈3 時々出るが、大事な問題〉 **169**

〈答え〉 Ⓐ Other

できたら…………○
できなかったら…×

〈解説〉

other と another の問題です。意味を考えると「他の製造メーカーは」という英文にしなければならないのがわかります。ということはⒶの other（他の）を入れればいいということになります。空欄の後ろに単数名詞がきているのか、複数名詞がきているのかが大きなヒントになります。another（もう一つの、別の）の後ろには単数名詞がきます。この英文の場合、manufacturers と後ろに複数名詞がきています。ということは another は選べないということです。other の後ろには複数名詞がくるので、other であれば正解となります。また、Ⓒの the other（もう一方の）では意味が通りません。「other」と「another」、どちらか正解を選ぶという問題は時々出題されます。

〈参考〉

「あともう10日で」という場合には「in another 10 days」と、another の後ろに複数名詞がきますが、私が受け続けてきた2年半の間ではこのタイプの英文は出題されていません。TOEIC で出題されているのは「another + 単数名詞」の問題です。

〈問題文の訳〉

激しい価格競争とドル高によって業績が悪化したため、IBMやデルを含む他のメーカーは減益発表を予定しています。

必ず押さえておきたいポイント

後ろが単数名詞の場合には「another」、後ろが複数名詞の場合には「other」と覚えておきましょう。

TOEIC 重要単語の紹介(問題から)

manufacturer 製造メーカー　**profit** 利益
competition 競争

第25問

●次の選択肢の中から正しいものを選びなさい。

The department store cautioned its sales people that customers in the fitting room sometimes steal clothes, so the staff should remain ( ) of the rule that no bags may be taken into the fitting rooms.

Ⓐ awareness

Ⓑ awared

Ⓒ aware

Ⓓ awaring

【単語の意味】

caution [kɔ́:ʃən] ……………………警戒する、警告する
customer [kʌ́stəmər] ……………………(得意)客、顧客
steal [stí:l] ……………………～を盗む
remain [riméin] ……………………～のままである

《3 時々出るが、大事な問題》 171

〈答え〉 ⓒ aware

できたら……………○
できなかったら…×

〈解説〉

不完全自動詞の問題です。「remain」のように第2文型（主語＋動詞＋補語）を作る動詞はbe動詞と同じ性質を持ちます。「remain ＋ 補語」の形で、意味は「〜のままである」となります。

remainの後ろの補語の部分には形容詞が入る場合が多いです。ですから選択肢の中から形容詞「aware」を選べば正解となります。第2文型を作る動詞は他にもbecome、grow、seemなどいろいろありますが、他の動詞に比べると、TOEICにはremainがよく出ます。remainをbe動詞に置き換えて考えてみると、簡単に正答にたどりつけます。2年以上TOEICテストを受け続けてきましたが、その間に3〜4回出題された問題です。

〈問題文の訳〉

そのデパートは、試着室にいる顧客が洋服を時々盗むことがあるので、試着室にはカバンを持ち込んではいけないという規則を覚えておくように販売員に注意しました。

——必ず押さえておきたいポイント——

remain、become、grow、seemなどの第2文型を作る自動詞は、be動詞と同じ性質を持つので、be動詞に置き換えてみるとわかりやすいです。

TOEIC重要単語の紹介(問題から)

caution 警戒する、警告する	customer （得意）客、顧客
remain 〜のままである	aware 用心して

第26問

●次の選択肢の中から正しいものを選びなさい。

While executives plan to move the manufacturing of low-end products to Taiwanese companies, they prefer to (　　) production of high-end goods in-house.

Ⓐ keeping

Ⓑ keep

Ⓒ be kept

Ⓓ kept

【単語の意味】

executive [iɡzékjətiv] ……………役員、経営幹部
manufacturing [mæ̀njəfǽktʃəriŋ] ……製造
low-end ……………………………低価格帯の
product [prɑ́dəkt] …………………製品
production [prədʌ́kʃən] …………生産、製造
high-end …………………………最高級の
in-house …………………………社内で、組織内で

〈3　時々出るが、大事な問題〉 173

〈答え〉 Ⓑ keep

できたら…………○
できなかったら…×

〈解説〉

動詞の形を問う問題です。「prefer to +動詞の原形」で、「〜するのを好む」という意味になります。よく使われる表現です。「prefer A to B（BよりAを好む）」も合わせて覚えておきましょう。

〈重要〉

toが不定詞として使われている場合は、toの後ろは動詞の原形になりますが、toが前置詞として使われている場合は、toの後ろは動名詞になります。

実際に出題されたことのある問題です。動詞の形を問う問題にはさまざまなタイプの問題があり、よく出ます。toの後ろの動詞の形を問う問題は頻出問題の一つです。

〈問題文の訳〉

低級品は台湾の企業に製造を移す予定だが、高級品の製造は自社で行ないたい、と重役は考えています。

―――― **必ず押さえておきたいポイント** ――――

慣用表現で「to」が使われている場合、その「to」が不定詞なのか前置詞なのかを考えましょう。「prefer to 〜」の「to」は不定詞です。よく使われる表現を一つずつ覚えるしかありません。

TOEIC 重要単語の紹介（問題から）

executive 役員、経営幹部	manufacturing 製造
product 製品	production 生産、製造

第27問

●次の選択肢の中から正しいものを選びなさい。

A survey on the general population once every ten years is (　) by the national government.

Ⓐ researched

Ⓑ conducted

Ⓒ inquired

Ⓓ encountered

【単語の意味】

survey [sə́rvei] ······調査
general population ······一般住民
national government ······中央政府

〈3　時々出るが、大事な問題〉

〈答え〉 Ⓑ conducted

できたら…………○
できなかったら…×

〈解説〉

適切な動詞を選ぶ問題です。「conduct a survey」で「調査をする」という慣用表現ですが、その表現が受動態になっています。「steps are taken」や「an announcement is made」等のように、TOEICには慣用表現の受動態が使われている英文はよく出ます。

「conduct」はビジネス関連でよく使われる語で、他にも、
conduct a research（研究する）　conduct a study（勉強する）
など、さまざまな場面で使われます。

これらの表現はすべてビジネスで頻繁に使われます。ということは、TOEIC的にも重要だということです。ビジネスでよく使う meet、take、conduct などを使った表現については、日頃から気をつけて頭に入れるようにしましょう。

〈問題文の訳〉

10年に1度の一般住民に関する調査は中央政府によって行なわれます。

―――**必ず押さえておきたいポイント**―――

「conduct a survey」で「調査をする」という慣用表現です。ビジネスでよく使う、conduct や meet や take を使った表現を覚えましょう。

TOEIC 重要単語の紹介(問題から)

survey 調査
inquire 尋ねる、問う
encounter 出くわす

第28問

● 次の選択肢の中から正しいものを選びなさい。

The imbalances in US trade and current accounts have received surprisingly (　　) attention in the debate over the Bush tax cuts.

Ⓐ few

Ⓑ almost

Ⓒ little

Ⓓ many

【単語の意味】

imbalance [imbǽləns] ……………不均衡
current account ………………経常収支
surprisingly [sərpráiziŋli] ……驚いたことには、意外にも
debate [dibéit] ……………………論議、討論
tax cut ……………………………減税

〈3　時々出るが、大事な問題〉 177

〈答え〉Ⓒ little

できたら…………○
できなかったら…×

〈解説〉

不可算名詞の問題です。「attention（注目、注意）」は、不可算名詞ですから、可算名詞を修飾する「few」や「many」は使えません。また、「almost」は副詞なので名詞のattentionを修飾することはできません。不可算名詞を修飾する「little」を使わなければなりません。

可算名詞、不可算名詞に関する問題は、時々出題されます。出題形式はさまざまで、不可算名詞にsをつけたり、主語に不可算名詞を使って動詞の形を選ばせるなど、パターンはいろいろあります。

選択肢に、little、much、few、many等が出てきたら、「あっ、あの問題かもしれない!!」と考え、空欄の後ろの名詞が可算名詞なのか、不可算名詞なのかをまずチェックしましょう。

〈問題文の訳〉

ブッシュ政権の減税論議では、米国の貿易と経常収支の不均衡問題は意外にも、ほとんど注目されませんでした。

──────必ず押さえておきたいポイント──────

選択肢に、much、many、little等があれば「可算名詞/不可算名詞」の問題では、と考えましょう。そして空欄の後ろに続く名詞が、可算名詞なのか不可算名詞なのかを素早くチェックしましょう。全文を読む必要がないので1秒で解けます。

TOEIC 重要単語の紹介(問題から)

current account 経常収支　**debate** 論議、討論

第29問

●次の選択肢の中から正しいものを選びなさい。

There are many opportunities in business, but ( ) is the first in a new field will profit the most.

Ⓐ who

Ⓑ whoever

Ⓒ whom

Ⓓ whose

【単語の意味】

opportunity [àpərt(j)úːnəti] ……………機会、チャンス
new field ……………………………………新規分野
profit [práfət] ………………………………利益を得る、儲ける

〈答え〉 Ⓑ whoever

できたら…………○
できなかったら…×

〈解説〉

複合関係代名詞 whoever の問題です。
この英文には先行詞がないので、whoever 以外は選べません。whoever は「～する人は誰でも」という意味の複合関係代名詞です。whoever は「anyone who」に書き換えることができます。答えが who なのか、whoever なのかで迷った人が多いと思いますが、迷った場合は「who」が入るのか、「anyone who」が入るのかで判断をするといいです。

〈ヒント〉

whoever の場合には「anyone who」ですから、anyone という先行詞が含まれていることになります。このタイプの問題では間違えて who を入れる人が多いです。逆に who が正解の時に whoever を選ぶ人もいます。両方の使い方を覚えましょう。

〈問題文の訳〉

ビジネスには多くのチャンスがありますが、誰でも新分野で最初の人が最大の利益をあげるでしょう。

必ず押さえておきたいポイント

whoever は「～する人は誰でも」という意味の複合関係代名詞です。
whoever は「anyone who」に書き換えることができます。

TOEIC 重要単語の紹介(問題から)

opportunity 機会、チャンス　　**profit** 利益を得る、儲ける

第30問

● 次の選択肢の中から正しいものを選びなさい。

He ascribed his success to his life philosophy which was made up of the principle that it is necessary to use the set of (　) and luck.

Ⓐ challenged

Ⓑ challenging

Ⓒ challenges

Ⓓ challenger

【単語の意味】

ascribe [əskráib] ……………〜のせいにする
success [səksés] …………成功
philosophy [fəlásəfi] ………考え方、哲学
be made up of ………………〜からなる、〜で構成されている
principle [prínsəpl] ………主義、信条

〈3 時々出るが、大事な問題〉 181

〈答え〉 Ⓒ challenges

できたら…………○
できなかったら…×

〈解説〉

並立/並列の問題です。set は「ひと組み」という意味で、「the set of ~ and…」となっているので、~と…には同じ形の名詞が並びます。

Ⓐの challenged やⒷの challenging は、名詞ではありません。Ⓓの challenger は名詞ですが、挑戦者という意味なので英文の意味が通りません。Ⓒの challenges にすれば正しい英文になります。

英文では、文章の構造を並立にした方がいいとされています。動詞の形を並立にする問題が多かったのですが、最近では、名詞や形容詞の形を並立にする問題の出題が増えてきました。

並立／並列の問題は改変前の TOEIC テストではパート(6)で時々出題されていました。改変後はパート(5)で出題されることになります。

〈問題文の訳〉

彼は彼の成功は、挑戦と幸運の両方を利用することが必要だという主義からなる彼の人生哲学によるものだとしました。

―――― **必ず押さえておきたいポイント** ――――

英文では、文章の構造を並立にした方がいいとされています。動詞、名詞、形容詞の形が並立になっているかどうかチェックしましょう。

TOEIC 重要単語の紹介 (問題から)

success　成功　　　　　　　　philosophy　考え方、哲学
be made up of　~からなる、~で構成されている

さらに得点UP！

──リスニングセクションの勉強法──

　リスニングといっても範囲が広いので、自分が英語の何を学習したいのかを明確にすることが重要です。

　リスニングの勉強法で頻繁にいただく質問に、「一般的な英会話のリスニング力とTOEICのリスニング力を同時に上げる方法を知りたい」というものがあります。

　何もしないで800点以上とれるレベルの方は、一般的な英会話とTOEICのリスニング力は両立できると思います。

　しかし、まだ力不足の方が両方を目指すと、どっちもダメになりがちです。TOEICはビジネスの現場で実際に使える英語力を測定するためのテストです。ビジネス、会計、経済関連の語彙も知らなければなりませんし、テスト内容も一般的な会話とは若干異なります。問題を作成しているのがアメリカのETSなので、ETSの癖や出題パターンを知ることも重要です。リスニングセクションにも「トリック」が使われているのも特徴です。

　好きで英語の勉強をしている人の中には「英会話もTOEICもやって同時に高い点数を出したい」という方が

さらに得点UP！

多いように思います。そのような質問に対しては「一定期間わりきってTOEICの勉強だけに集中して、目標点をクリアーしたらTOEICはやめて英会話なり何なり好きな勉強に戻ればどうでしょうか」と答えています。

テストですからある程度のわりきりは必要です。

TOEICのリスニングセクション（特にパート(1)〜(3)）の勉強には、ETSが出版している唯一の問題集「公式ガイド&問題集」は欠かせません。巻末の模擬テストを使って練習を繰り返し、パターンとコツをつかんでください。

最初は、リエゾンも含め聞けない音をすべてチェックしてください。

さまざまな理由で「公式ガイド&問題集」を使っていない方が多いですが、やり方次第ではこの問題集だけでもリスニングセクションで450点はとれます。

また、TOEICと関係のない英会話関連のCDを使うよりはTOEIC関連の問題集に付いているCDを繰り返し聞くことをメインにして、NHKラジオの番組を一部取り入れる、というやり方が効果的だと思います。

4

忘れたころに出る
重要問題

この章では、忘れたころに出る問題をとりあげました。忘れたころといっても、年に数回は確実に出ています。公開テストを2年以上実際に受けてきて、断言できます。得点アップのために、どんな問題なのか、確認してみてください。

第1問

●次の選択肢の中から正しいものを選びなさい。

If a defect is found in one of our products, we will replace it when (　) are received.

- (A) complaint
- (B) complaining
- (C) complaints
- (D) complained

【単語の意味】

defect [díːfekt] ……………………… 欠陥、欠点
product [prádəkt] ………………… 製品
replace [ripléis] …………………… 取り替える、交換する

〈答え〉 ⓒ complaints

できたら…………○
できなかったら…×

〈解説〉
主語と動詞の一致の問題の「変形バージョン」です。通常の主語と動詞の一致の問題は「主語の形を見て動詞の形を選びます」が、この問題は「動詞の形を見て主語の形を選ぶ」という逆のタイプの問題です。空欄直後の動詞が are になっています。ということは、主語は名詞の複数形を選ばなければなりません。複数形の名詞は complaints のみです。名詞ということだけに着目してⒶの complaint を選ばないようにしてください。

〈注意〉
「complaint」は TOEIC 必須単語の一つですが、動詞は「complain」で、名詞から「t」が消えるだけです。選択肢にこのような紛らわしい単語が入っている場合があるので気をつけてください。動詞の「complain（不平を言う、苦情を言う）」と名詞の「complaint（不平、苦情）」を覚えましょう。

〈問題文の訳〉
我々の製品の一つに欠陥が見つかった場合には、苦情を受け取り次第それを取り替えます。

――――しっかり押さえておきたいポイント――――
通常の主語と動詞の一致の問題は「主語の形を見て動詞の形を選びます」が、「動詞の形を見て主語の形を選ぶ」という逆のタイプの問題が出題されることがあります。出題頻度は1年に1度くらいとさほど多くはありませんが、問題のポイントに気付かない人が多いようです。

TOEIC 重要単語の紹介(問題から)

defect 欠陥、欠点　　　　**replace** 取り替える、交換する
complaint 不平、苦情

第2問

●次の選択肢の中から正しいものを選びなさい。

My work became so hectic (　　) I caught a bad cold and my son also got it.

Ⓐ when

Ⓑ that

Ⓒ if

Ⓓ whether

【単語の意味】

hectic [héktik] ……………………非常に忙しい
catch a cold ……………………………風邪をひく

〈4　忘れたころに出る重要問題〉 189

〈答え〉 Ⓑ that

できたら…………○
できなかったら…×

〈解説〉

「so 〜 that...」の問題です。
空欄の前後を見て、「so 〜 that...」(とても〜なので ...) の構文だと、瞬時に気付いてください。それに気付けば、that が入るということはすぐにわかると思います。「so 〜 that...」の問題でもう一つ覚えておかなければならないのは、so の後ろは必ず形容詞がくるということです。この点が問題として取り上げられることも多いので、要注意です。

〈参考〉

「such 〜 that...」も「とても〜なので ...」という意味ですが、such の後ろには名詞がきます。

〈問題文の訳〉

仕事がかなり忙しくなったので、私はひどい風邪をひき、またその風邪を息子にうつしました。

─────**しっかり押さえておきたいポイント**─────

「so 〜 that...」も「such 〜 that...」も「とても〜なので ...」という意味です。so や such があったら、その少し後ろに接続詞の that がくると、構文のまま覚えておきましょう。

第3問

●次の選択肢の中から正しいものを選びなさい。

John (　　　) suffering from jet lag when he returned from his long trip abroad.

- Ⓐ was
- Ⓑ is
- Ⓒ would
- Ⓓ being

【単語の意味】

suffer [sʌ́fər] ················· 苦しむ、悩む
jet lag ······················· 時差ぼけ
abroad [əbrɔ́ːd] ················ 海外に、海外へ

〈4 忘れたころに出る重要問題〉 191

〈答え〉 Ⓐ was

できたら………○
できなかったら…×

〈解説〉

時制の一致の問題です。長い海外旅行から帰ってきたときと時差ぼけに苦しんでいるときの間に、時間のずれはありません。ですから、when 以下の動詞（returned）が過去形ですから、空欄に入れる動詞も同じ過去形にすればいいのです。このように時制を一致させなければならない問題も重要ですが、逆に時制をずらさなければならない問題も時々出題されます。例えば、

When I arrived at the train station, the train bound for New York had already left.

過去に起きた２つのことを言う場合、先に起きたことは過去完了を使い、あとに起きたことには過去を使います。

時制の一致の問題なのか、時制をずらす問題なのか、注意して解答しましょう。

〈問題文の訳〉

ジョーンは長い海外旅行から帰ってきたときに、時差ぼけに苦しんでいました。

―――― **しっかり押さえておきたいポイント** ――――

この問題は時制を一致させなければならない問題ですが、逆に時制をずらさなければならない問題が出ることもあります。時制を一致させるのか、ずらすのかを英文を読んで考えましょう。

TOEIC 重要単語の紹介（問題から）

suffer　苦しむ、悩む	abroad　海外に、海外へ

第4問

●次の選択肢の中から正しいものを選びなさい。

( ) I known that the price would drop, I would have bought more.

Ⓐ If

Ⓑ Have

Ⓒ Had

Ⓓ Wish

------ 【単語の意味】 ------
price [práis] ……………………………価格、物価
drop [dráp] ……………………………下がる、減少する

〈答え〉 Ⓒ Had

できたら…………○
できなかったら…×

〈解説〉

仮定法過去完了の問題です。

文語では if が省略されて倒置構文になることがあります。つまり If I had known の if が省略されてかつ倒置し、Had I known になっているわけです。帰結節 (コンマの後ろ) が「助動詞の過去形＋現在完了形 (have ＋過去分詞)」になっているので「仮定法過去完了」だということはすぐにわかります。

If を入れると If I known となり間違った文法の英文になります。if が省略されて倒置構文になったものと考えて Had を入れれば正しい英文になります。文語ではありますが、今でも頻繁に使われている表現です。1 年に 1 度出題されるかどうかの問題ですが、この 1 年の間に実際に出題された問題です。

〈問題文の訳〉

価格が下がることを知っていたら、もっと多く買ったのに。

———— しっかり押さえておきたいポイント ————

仮定法過去完了は、過去の事実に反することを言う場合に使います。形は、条件節（if の後ろ）は過去完了形（had ＋過去分詞）、帰結節（コンマの後ろ）は助動詞の過去形＋現在完了形（have ＋過去分詞）です。この問題のように、if が省略されて倒置構文になる表現もあります。

TOEIC 重要単語の紹介 (問題から)

price　価格、物価　　　　　drop　下がる、減少する

第5問

●次の選択肢の中から正しいものを選びなさい。

Your money will be refunded (　　) you are able to present your receipt issued when you made the purchase.

Ⓐ thanks to

Ⓑ while

Ⓒ that

Ⓓ as long as

【単語の意味】

refund [rifʌ́nd] ……………………………… 払い戻す
present [prizént] ……………………… 提示する、提出する
receipt [risíːt] ………………………… 領収書、レシート
issue [íʃuː] ……………………………………… 発行する
make a purchase ……………………………… 買い物する

〈4 忘れたころに出る重要問題〉 195

〈答え〉 Ⓓ as long as

できたら…………○
できなかったら…×

〈解説〉

as long as の問題です。
as long as は「〜する限り」という意味の慣用句です。as long as の後ろには節（S + V）がきます。Ⓐの thanks to は前置詞句なので後ろは名詞（句）しかとれません。ⒷのwhileとⒸのthatは接続詞ですが、これらを入れると英文の意味が通りません。英文の意味を考えれば、空欄には「as long as」しか入りません。
「as long as」の問題は1年に1〜2度出題されています。他の選択肢を順番に消去していくのが一番簡単かと思います。
まず後ろに節がこないものを消去します。次に意味を考えて消去します。英文の意味を考えなければならないため、解くのに時間がかかる問題です。

〈問題文の訳〉

あなたが買い物をしたときに発行されたレシートを提出できるのなら、代金は払い戻されるでしょう。

───**しっかり押さえておきたいポイント**───

「as long as」は「〜する限り」という意味の慣用句です。as long as の後ろには節（S + V）がきます。

TOEIC 重要単語の紹介(問題から)

| refund | 払い戻す | present | 提示する、提出する |
| receipt | 領収書、レシート | | |

第6問

●次の選択肢の中から正しいものを選びなさい。

The banker was not only surprised at the government's new law to control banks ( ) also afraid that new steps in the law would lead to inflation.

Ⓐ and

Ⓑ as

Ⓒ or

Ⓓ but

【単語の意味】

afraid [əfréid] ……………………………心配して、恐れて
step [stép] ……………………………………方法、措置

〈答え〉 Ⓓ but

〈解説〉

not only A but also B の問題です。
「not only A but also B」で「A だけでなく B も」という意味で、頻繁に使われる慣用句です。TOEIC にも時々出題される慣用句です。文中に not only があればすぐに but also の一部、または全部が空欄になっていないかどうかチェックしましょう。not only の一部が空欄になっている場合もあれば、but also の一部が空欄になっている場合もあります。いずれにしても、not only か but also の一部を英文の中に見つけたら後は簡単です。全文を読まなくても解けます。

〈問題文の訳〉

銀行員は銀行を管理するための新しい法律に驚いたばかりでなく、法律に組み込まれた新しい措置はインフレを引き起こすのではないかと懸念しました。

――――しっかり押さえておきたいポイント――――

「not only A but also B」は「A だけでなく B も」という意味の慣用句で頻繁に使われます。TOEIC にも時々出題されるので要注意です。

TOEIC 重要単語の紹介(問題から)

afraid　心配して、恐れて　　　step　方法、措置

第7問

●次の選択肢の中から正しいものを選びなさい。

Online communication is an excellent (　　) of immediately and inexpensively communicating with people in other parts of the world.

Ⓐ meaning

Ⓑ meanly

Ⓒ meant

Ⓓ means

【単語の意味】

excellent [éksələnt] ……………………優れた、素晴らしい
immediately [imí:diətli] …………………速やかに、即座に
inexpensively [inikspénsivli] …………安価に
communicate [kəmjú:nəkèit] …………通信する

〈4　忘れたころに出る重要問題〉

〈答え〉 ⓓ means

できたら…………○
できなかったら…×

〈解説〉

似通った語彙の問題です。

Ⓐの meaning は「意味」、Ⓑの meanly は「浅ましく、しみったれて」、Ⓒの meant は mean の過去形＆過去分詞形です。Ⓓの means は「手段、方法」という意味なので、Ⓓであれば英文全体の意味が通ります。似通ったスペルの問題は、語彙問題の一種ですから、英文全体を読んで、文意にあうものを選ばなければなりません。問題としては簡単な問題ですが、全文を読まなければならないので時間がかかります。

似通った語彙の問題は、TOEIC 改変直前にはパート (6) の誤文訂正問題での常連問題になっていました。パート (5) で出題される場合には、この問題のような形で出題されます。似通った語彙の問題には、TOEIC が好きな単語があります。何度も受験している人は、同じような単語が出ているのに気付くはずです。「means」もその一つです。

〈問題文の訳〉

オンラインコミュニケーションは世界の各地に住む人々と即座で安価に通信できる素晴らしい手段です。

―――**しっかり押さえておきたいポイント**―――

似通った語彙の問題は、語彙問題の一種なので、英文を読んで適切な語彙を考えなければなりません。ただし、頻出問題が繰り返し出題されているので比較的あたりがつけやすいです。頻出問題にはビジネス系の語彙が多いです。

TOEIC 重要単語の紹介 (問題から)

communicate　通信する　　　meaning　意味
means　手段・方法

第8問

●次の選択肢の中から正しいものを選びなさい。

The Worldwide Shipping Corporation yesterday reported record earnings for the quarter and for the year (　　) the strong performance of its freight container business.

Ⓐ because

Ⓑ thanks to

Ⓒ as

Ⓓ while

【単語の意味】

earnings [ə́ːrniŋz] ……………………収益
quarter [kwɔ́ːrtər]……………………四半期
performance [pərfɔ́ːrməns]………業績
freight container …………………貨物輸送用のコンテナ

〈4 忘れたころに出る重要問題〉201

〈答え〉 Ⓑ thanks to

できたら…………○
できなかったら…×

〈解説〉

thanks to の問題です。空欄の後ろは節ではなく、名詞(句)になっています。because も as も「〜なので」という意味の接続詞なので後ろに節 (S+V) がきますが、thanks to は前置詞句なので後ろには名詞(句)がきます。「thanks to 〜」で、「〜のおかげで」という意味です。 while では英文の意味が通りません。

〈参考〉

「because of」、「due to」、「thanks to」はほぼ同じ意味で使われ、また「because of」や「due to」の後ろも「thanks to」と同様に名詞(句)しかとれません。「because of」や「due to」に関する問題もよく出ます。because of が選択肢にある問題であればできるけれど、thanks to になるとできないという方が多いようです。

〈問題文の訳〉

ワールドワイド輸送会社は、好調な貨物輸送コンテナビジネスのおかげで、四半期、および通年で、過去最高の収益をあげたと昨日発表しました。

―――― **しっかり押さえておきたいポイント** ――――

「なぜなら」、「〜のおかげで」という意味の英文にしたい場合、後ろが節なのか、名詞(句)なのかを最初に見ます。後ろが節の場合は「because」「as」「since」のいずれかを、後ろが名詞(句)の場合には「because of」「thanks to」「due to」のいずれかを選びます。

TOEIC 重要単語の紹介(問題から)

earnings 収益	**performance** 業績
freight 貨物	

第9問

●次の選択肢の中から正しいものを選びなさい。

The computer company received many inquiries (　　) their new program to protect personal computers against viruses.

Ⓐ relating

Ⓑ as

Ⓒ with

Ⓓ regarding

【単語の意味】

inquiry [ínkwəri] ……………………問い合わせ、引き合い
protect [prətékt] ……………………守る、保護する
virus [váiərəs] ………………………ウィルス

〈答え〉 Ⓓ regarding

できたら…………○
できなかったら…×

〈解説〉

前置詞 regarding の問題です。前置詞 regarding は「～に関して」という意味で、頻繁に使われる単語です。日頃から英語に接している方にとっては簡単な問題ですが、このような問題の場合、わからなければ消去法を使って選ぶのも一つの方法かと思います。

前置詞 regarding と同じ意味で、前置詞の concerning があります。regarding に比べると出題頻度が低くなりますが、concerning が出題されることもあります。

〈注意〉

「regarding」や「concerning」は前置詞だと思っていない人が結構います。そのため、regarding や concerning の後ろに続く部分が空欄になっている問題が出ると間違える場合があります。両方とも前置詞なので、後ろには名詞(句)がきます。

〈問題文の訳〉

コンピューター会社は、コンピューターウィルスから PC を守るための新しいプログラムに関する多くの問い合せを受けました。

───しっかり押さえておきたいポイント───

regarding は「～に関して」という意味の前置詞で頻繁に使われる単語です。concerning も同じ意味で同じように使われます。一緒に覚えておきましょう。

TOEIC 重要単語の紹介(問題から)

inquiry 問い合わせ、引き合い　　**protect** 守る、保護する

第10問

●次の選択肢の中から正しいものを選びなさい。

The branch manager was angry at the worker but calmed down when the worker (　　) what had happened to cause the serious accident.

Ⓐ explained about

Ⓑ explained

Ⓒ would explain

Ⓓ explained for

【単語の意味】

calm down……………………落ち着く、鎮める
cause [kɔ́:z]……………………～を引き起こす
serious [síəriəs] ………………重大な、深刻な
accident [ǽksədənt] …………事故、予期しなかった出来事

〈4 忘れたころに出る重要問題〉 205

〈答え〉Ⓑ explained

できたら…………○
できなかったら…×

〈解説〉

自動詞と他動詞の問題です。自動詞と他動詞の問題は時々出題されます。explain は自動詞と他動詞、両方があります。「～を説明する」という場合の「explain」は他動詞です。ですから目的語の「what had happened ～」がすぐ後ろにきます。前置詞の about はいりません。

〈重要〉

動詞には、自動詞と他動詞があり、自動詞は目的語をとりません。一方、他動詞は目的語をとります。したがって、他動詞の後ろに前置詞がつくことはありません。難しいのは、「explain」のように同じ動詞が、自動詞としても他動詞としても使われる場合があることです。私の場合 TOEIC で自動詞/他動詞の問題が出ると「何かおかしい」と直感で判断します。日頃からあまり英文を読んでいない方にとっては、直感で判断できないので難しい問題になると思います。最近は、自動詞/他動詞の問題や、語彙問題などのように、文法だけ知っていてもできない問題が増えてきています。その意味では、日頃から英文を読む習慣をつけておくことが重要です。

〈問題文の訳〉

支店長は従業員に腹を立てましたが、従業員が何が重大な問題を引き起こしたのかを説明したら、落ち着きました。

――――**しっかり押さえておきたいポイント**――――

他動詞の後ろには直接目的語がきます。前置詞がくることはありません。

TOEIC 重要単語の紹介(問題から)

cause　～を引き起こす

第11問

●次の選択肢の中から正しいものを選びなさい。

The new hospital was able to purchase all its equipment and after ten years it will make the equipment available (　) lease.

Ⓐ at

Ⓑ of

Ⓒ with

Ⓓ for

【単語の意味】

purchase [pə́ːrtʃəs]・・・・・・・・・・・・・・・・・・・・・・・・購入する、仕入れる
equipment [ikwípmənt] ・・・・・・・・・・・・・・・機器、装置
lease [líːs]・・・・・・・・・・・・・・・・・・・・・・・・・・・・・・・・・・・リース、賃貸

〈答え〉Ⓓ for

できたら…………○
できなかったら…×

〈解説〉

前置詞の問題です。「available for 〜」は「〜に使用可能である」という意味の慣用句です。「available for 〜」では「available」を選ぶという問題が出題されたこともありますが、この問題のように available とともに用いる前置詞の for を問う問題が出題されたこともあります。このように慣用句に使われている前置詞を問う問題では、過去に出題された表現（周辺語彙も含む）が繰り返し出題されることも多いです。available 関連では、「no longer available（もはや〜ない）」も出題されます。「available for」と「no longer available」の両方を覚えておきましょう。

〈重要〉

前置詞の問題でよく出題されるのは、「時を表す前置詞」と「慣用句の一部として使われている前置詞」に関する問題です。英文を多く読んでいると、頻繁に使われている慣用句があり、それぞれに用いられている前置詞は自然に頭に入ります。

〈問題文の訳〉

新しい病院はすべての機器を購入することができ、10年後にはその機器をリースに使用する予定です。

――― **しっかり押さえておきたいポイント** ―――

「available for 〜」は「〜に使用可能である」という意味の慣用句です。「available」関連の問題はよく出ます。覚えておきましょう。

TOEIC 重要単語の紹介(問題から)

purchase 購入する、仕入れる　　**equipment** 機器、装置

第12問

●次の選択肢の中から正しいものを選びなさい。

(　　　) significant factor contributing to the growing pension problems is increasing number of newly retired people.

(A) Other

(B) Another

(C) The others

(D) Others

【単語の意味】

significant [signífikənt]……………重要な、重大な
factor [fǽktər]……………………要因、原因
contribute [kəntríbju:t]……………寄与する、貢献する
pension [pénʃən]……………………年金
retired people ……………………退職者

〈4　忘れたころに出る重要問題〉 209

〈答え〉Ⓑ Another

できたら……………○
できなかったら…×

〈解説〉

another + 単数名詞の問題です。「another」は「もう一つの、別の」という意味の形容詞で、後ろには単数名詞がきます。一方「other」は「その他の」という意味で後ろに複数名詞がきます。この英文の場合、空欄の少し後ろに「factor」という単数名詞がきているので、「another」であれば正しい英文になるということです。「another + 単数名詞」、「other + 複数名詞」と覚えておきましょう。

「another」は他にもさまざまな形で出題されます。「the another」となっていて間違っているもの、「意味で考えると間違っているもの」等、いろいろなパターンでの出題があります。その意味ではマークすべき単語と言えます。

〈参考〉

「あともう10日で」という場合には「in another 10 days」と、another の後ろに複数名詞がきますが、私が受け続けてきた2年半の間にはこのタイプの問題は出題されていません。TOEIC で出題されているのは「another + 単数名詞」の問題です。

〈問題文の訳〉

増大しつつある年金問題のもう一つの重要な要因は、新規退職者の増加です。

───**しっかり押さえておきたいポイント**───

another の後ろは単数名詞がきますが、other の後ろには複数名詞がきます。そのまま覚えておくと便利です。

TOEIC 重要単語の紹介(問題から)

retire 退職する

第13問

●次の選択肢の中から正しいものを選びなさい。

There are mounting concerns ( ) the ability of United Airways to stem losses in the intensely competitive US major airline and minor airline industry.

Ⓐ under

Ⓑ at

Ⓒ about

Ⓓ to

【単語の意味】

mounting [máuntiŋ] ……………………増大する、高まる
concern [kənsə́ːrn] ……………………懸念、心配
stem [stém] ……………………………(〜の流れを)止める
loss [lɔ́(ː)s] ………………………………損失
intensely [inténsli] ……………………激しく
competitive [kəmpétətiv] ……………競争の
industry [índəstri] ……………………産業、工業

〈4 忘れたころに出る重要問題〉 211

〈答え〉 ⓒ about

できたら…………○
できなかったら…×

〈解説〉

前置詞の問題です。「〜に対する懸念／心配」という場合には、「concern about」か「concern over」を使います。時々出題される問題です。選択肢に over がないのでⓒの about が正解となります。

同じタイプの問題で「over」を選ぶ問題として出題されることもあるので、要注意です。

〈参考〉

(1) about や over が記入されていて、空欄に concern を入れるという形で出題されることもあります。
(2) 同じ意味で「worry about」という慣用句があり、worry about の about が問題になる場合もあります。

〈問題文の訳〉

競争の激しいアメリカの大小の航空業界において、損失をくい止める能力がユナイテッド航空にあるのかに関する懸念が増大しています。

―――― しっかり押さえておきたいポイント ――――

「〜に対する懸念／心配」という場合には、「concern about」か「concern over」を使います。

TOEIC 重要単語の紹介（問題から）

concern 懸念、心配	loss 損失
competitive 競争の	industry 産業、工業

第14問

●次の選択肢の中から正しいものを選びなさい。

He is doing research on nanotechnology for ( ) there is not much background material because it is such a new field of study.

Ⓐ that

Ⓑ what

Ⓒ which

Ⓓ where

【単語の意味】

nanotechnology [nænəteknάlədʒi] ……ナノテクノロジー、超微小技術
material [mətíəriəl] ……資料
field of study ……研究分野

〈4 忘れたころに出る重要問題〉 213

〈答え〉 Ⓒ which

できたら…………○
できなかったら…×

〈解説〉

前置詞を伴う関係代名詞の問題です。

通常の関係代名詞の問題に比べると間違える人の多い問題です。なぜなら、関係代名詞の前に前置詞 for がついているからです。もともと、この for は「background material for」の for が関係代名詞 which の前に出てきたものです。関係代名詞 which の先行詞は「nanotechnology」です。前置詞の後ろは関係代名詞の目的格がきます。

この問題のように先行詞が物であれば「which」を、先行詞が人であれば「whom」を使います。Ⓐの that を選んだ人がいると思いますが、前置詞を伴う関係代名詞の英文では、that は使えません。Ⓑの what は先行詞が含まれている関係代名詞なのでダメ、Ⓓの where は関係副詞なのでダメです。

〈問題文の訳〉

彼はナノテクノロジーの研究をしていますが、それは新しい研究分野なので、十分な参考資料がありません。

―――― しっかり押さえておきたいポイント ――――

「前置詞を伴う関係代名詞の問題かな」と、思ったら、前置詞を節の後ろに置いてみてください。それで大丈夫なら、次は関係代名詞の先行詞があるかどうか確認してください。先行詞があり、かつ先行詞が物であれば関係代名詞の目的格である which を選べば正解となります。

TOEIC 重要単語の紹介(問題から)

material　資料

第15問

●次の選択肢の中から正しいものを選びなさい。

When Joan bought the computer, she received a written warranty, but since she was unable to find it, she worried whether or not her warranty would (　) valid.

Ⓐ go

Ⓑ have

Ⓒ remain

Ⓓ deserve

【単語の意味】

warranty [wɔ́:rənti] ……………………保証、保証書
valid [vǽlid] ……………………………有効な、正当な

〈4　忘れたころに出る重要問題〉 215

〈答え〉 ⓒ remain

できたら…………○
できなかったら…×

〈解説〉
不完全自動詞の問題です。第2文型を作る動詞は後ろに補語を必要とするため不完全自動詞と言います。第2文型とは、主語＋動詞＋補語の形の文型のことです。第2文型の補語の多くは形容詞です。空欄の後ろにきている valid は「有効な」という意味の形容詞です。選択肢の中で「remain」以外の動詞は第2文型を作る動詞ではないので後ろに形容詞はきません。不完全動詞の中でもっともよく出題されるのは「remain」です。2年以上 TOEIC テストを受け続けてきましたが、remain 関連の問題は 3〜4 回出題されました。空欄部分を「be 動詞」に置き換えてみて意味が通じれば、不完全自動詞が答えとなる可能性は高いです。チェックしてみましょう。

〈重要〉
「remain」関連の問題が出るときには、「remain をヒントに後ろにくる品詞（形容詞）を選ぶ」、というタイプの問題が多いのですが、この問題は逆で、「空欄の後ろにきている形容詞（valid）をヒントに第2文型を作る動詞『remain』を選ぶ」、という問題です。両方とも実際に出題されたことのある問題です。問われる箇所が異なるだけでポイントは同じです。

〈問題文の訳〉
ジョーンはコンピューターを買ったときに保証書を受け取りましたが、それが見つからなかったので、彼女はその保証が有効なのかどうか心配しました。

──── しっかり押さえておきたいポイント ────
第2文型を作る動詞は後ろに補語を必要とするため不完全自動詞と言い、主語＋動詞＋補語の形をとります。第2文型の補語の多くは形容詞です。空欄の後ろに形容詞がきている場合には第2文型を作る動詞を選びます。第2文型を作る動詞の中でも特に出題頻度が高いのは「remain」です。

TOEIC 重要単語の紹介 (問題から)

| warranty 保証、保証書 | valid 有効な、正当な |

第16問

●次の選択肢の中から正しいものを選びなさい。

In order to (　　) the new requirements of the customers, we are making changes in order to adapt the product to their requests.

Ⓐ keep

Ⓑ hit

Ⓒ come to

Ⓓ meet

【単語の意味】

requirement [rikwáiərmənt] ……… 要求、要望
customer [kʌ́stəmər] ……………… 顧客、得意(客)
adapt [ədǽpt] ……………………… 適応させる、合わせる
product [prάdəkt] ………………… 製品
request [rikwést] ………………… 依頼、要請

〈4　忘れたころに出る重要問題〉217

〈答え〉 ⓓ meet

〈解説〉

適切な動詞を選ぶ問題です。

「〜に応じる」という場合、動詞の「meet」を使います。英文全体を読めば、この英文の空欄の前後は「新しい要求に応じるために」という内容の英文になればいい、ということが容易に想像できます。「応じる」という意味の動詞の meet は、「meet requirements」、「meet demand」など、さまざまな表現に用いられます。これらの表現はビジネスで頻繁に使います。ということは、TOEIC 的にも重要だということです。ビジネスでよく使う meet、take、conduct、などを使った表現については、日頃から気をつけて頭に入れるようにしましょう。

〈問題文の訳〉

顧客の新しい要求に答えようと、彼らの要求にあわせて製品を改良しています。

────**しっかり押さえておきたいポイント**────

「〜に応じる」という場合、動詞の「meet」を使います。ビジネスでよく使う、meet や take や conduct を使った表現を覚えましょう。

TOEIC 重要単語の紹介(問題から)

requirement 要求、要望	customer 顧客、得意(客)
adapt 適応させる、合わせる	product 製品
request 依頼、要請	

第17問

● 次の選択肢の中から正しいものを選びなさい。

They were giving away free tickets and I was able to get one because I arrived at the box office ( ) time.

Ⓐ for

Ⓑ at

Ⓒ in

Ⓓ within

【単語の意味】

give away ……………………………ただで与える、配る
free ticket ……………………………無料券

〈答え〉Ⓒ in

できたら…………○
できなかったら…×

〈解説〉

前置詞の問題です。because 以下を訳すと「時間に遅れずにボックスオフィスに着いたので〜」という意味になります。「時間に遅れずに」という場合には前置詞の in を使います。前置詞の問題は毎回数問ずつ出題されますが、中でも「in」に関する問題の出題は多いです。前置詞「in」にはさまざまな使い方があります。英文を読んでいて頻繁に使われている「in」の用法は覚えておきましょう。

〈重要〉

前置詞の問題でよく出題されるのは、「時を表す前置詞」と「慣用句の一部として使われている前置詞」に関する問題です。英文を多く読んでいると、頻繁に使われている慣用句があり、それぞれに用いられている前置詞は自然に頭に入ってきます。

〈問題文の訳〉

彼らは無料チケットを配っており、私はチケット売り場に時間に遅れずに着いたので、無料チケットを1枚もらうことができました。

──────しっかり押さえておきたいポイント──────

「in time」は「時間に遅れずに」という意味の慣用句です。前置詞の問題の中でも特に「in」に関する問題はよく出ます。

220

第18問

●次の選択肢の中から正しいものを選びなさい。

The president of the corporation decided (　) in the section would be responsible for the sales of the eastern seaboard.

Ⓐ whom

Ⓑ that

Ⓒ who

Ⓓ what

【単語の意味】

president [prézədənt] ・・・・・・・・・・・・・社長
be responsible for ・・・・・・・・・・・・・〜の責任がある、〜を担う
sales [séilz] ・・・・・・・・・・・・・販売、売上(高)
seaboard [síːbɔ̀ːrd] ・・・・・・・・・・・・・海岸地帯、海岸線

〈4 忘れたころに出る重要問題〉 221

〈答え〉 ⓒ who

できたら…………○
できなかったら…×

〈解説〉

疑問詞の問題です。

decide には、「decide + wh 疑問詞」で、「～かを決める」という使い方があります。空欄に入る語は、would be responsible の主語になるものですから、who になります。who 以下は decide の目的語になっています。疑問文が文の目的語になるときは肯定文の語順になります。

選択肢に、whom、that、what 等が並んでいると、つい「あっ、関係代名詞の問題だ」と思ってしまいがちですが、この問題のように「疑問詞の問題」も出る、と覚えておきましょう。最近のテストで実際に出題された問題です。

〈問題文の訳〉

その会社の社長は、東海岸地帯の販売をそのセクションの誰に責任を持たせるかを決定しました。

———— **しっかり押さえておきたいポイント** ————

decide は、「decide + wh 疑問詞」で、「～かを決める」という使い方をします。

TOEIC 重要単語の紹介(問題から)

be responsible for　　　　　　sales　販売、売上(高)
　～の責任がある、～を担う

222

第19問

●次の選択肢の中から正しいものを選びなさい。

The stock market (　) to a record high because of investor excitement about the technology sector and hopes that the semi-conductor industry might be showing new progress.

Ⓐ raised

Ⓑ rise

Ⓒ raise

Ⓓ rose

【単語の意味】

stock market······················株式市場、株価
record high·······················記録的な高さ
investor [invéstər]···············投資家
excitement [iksáitmənt]········興奮
semi-conductor··················半導体
industry [índəstri]···············産業、工業
progress [prágres]···············前進、進展

〈4 忘れたころに出る重要問題〉 223

〈答え〉 Ⓓ rose

できたら………○
できなかったら…×

〈解説〉
自動詞と他動詞の問題です。自動詞の「上がる」の変化は、rise-rose-risen、他動詞の「〜を上げる」の変化は、raise-raised-raised です。株価は誰かに意図的に引き上げられたのではなく、市場の動きで上がったり下がったりするわけですから、自動詞の rise を使わなければなりません。Ⓑの rise を選ぶ人がいますが、主語が3人称単数なので rises でなければなりません。Ⓑの rise はひっかけです。過去形の rose にすれば正しい英文になります。

〈注意〉
セミナーで経済が苦手な方からよくある質問は、「経済関連ではどういうときが自動詞で、どういう時が他動詞なのかわからない」という内容です。TOEIC に出る可能性があり迷うのは金利に関する英文です。「貸し出し金利(lending interest rate)」関連の内容だと他動詞になります。市場の力関係で「上がる」のではなく銀行が「引き上げる」わけですから、他動詞の「上げる」が使われます。金利(interest rate)や、株価(stock price)や消費者物価(consumer price)などのように、市場の需要と供給の関係で決まるものには自動詞を使います。

〈問題文の訳〉
ハイテク株への投資家の人気の集中と、半導体産業も新しい進展があるかもしれないという期待が広まる中、株価は最高値をつけました。

しっかり押さえておきたいポイント

自動詞の「上がる」の変化は、rise-rose-risen、
他動詞の「〜を上げる」の変化は、raise-raised-raised です。
株価、物価、金利、などが上がる、下がる、という表現は経済記事やビジネスでよく使います。

TOEIC 重要単語の紹介 (問題から)

stock market 株式市場、株価	**investor** 投資家
industry 産業、工業	**progress** 前進、進展

第20問

●次の選択肢の中から正しいものを選びなさい。

By the end of the year, Apple Motor Corporation hopes to become two separate companies, one focusing on automobile manufacturing, (　) on automobile leasing.

Ⓐ others

Ⓑ another

Ⓒ the others

Ⓓ the other

【単語の意味】

separate [sépərət] ……………離れた、別個の
focus on ………………～に集中する、～を中心に扱う
manufacturing [mænjəfǽktʃəriŋ]
　　　　　　　　　………………製造、生産
leasing [líːsiŋ] ………………リース

〈4　忘れたころに出る重要問題〉 **225**

〈答え〉 Ⓓ the other

できたら…………○
できなかったら…×

〈解説〉

the other の問題です。「the other」は、one に対して「2 つの物のうち、もう一方の物」を表すときに使います。この英文は、「2 つに分かれる会社のうち、もう一つは自動車のリースを行なう会社だ」と言いたいわけですから「the other」が正解となります。

空欄のすぐ後ろに「focusing」が省略されているのはわかりますね。

Ⓒの「the others」は、3 つ以上の物があって、それ以外の物を表すときに使います。「the rest」と同じ意味です。また、Ⓐの others は「他の人たち」という意味になります。

Ⓑの「another」は冠詞の an と other が重なり合わさった単語で、「もう一つの、別の」という意味で使われます。

〈問題文の訳〉

アップル自動車は、年末までに、自動車の製造を行なう会社と自動車のリースを行なう会社の 2 つに分離したいと考えています。

―――― **しっかり押さえておきたいポイント** ――――

「the other」は、one に対して「2 つの物のうち、もう一方の物」を表すときに使います。

TOEIC 重要単語の紹介（問題から）

focus on
～に集中する、～を中心に扱う

manufacturing
製造、生産

第21問

●次の選択肢の中から正しいものを選びなさい。

Prospective students who want to attend the summer seminar should contact the office by e-mail or fax ( ) they prefer.

Ⓐ what

Ⓑ which

Ⓒ whichever

Ⓓ that

【単語の意味】

prospective [prəspéktiv]‥‥見込みのある、見込まれる、将来の
contact [kɑ́ntækt] ‥‥‥‥‥‥連絡を取る
prefer [prifə́ːr] ‥‥‥‥‥‥‥～の方を好む

〈答え〉 Ⓒ whichever

できたら…………○
できなかったら…×

〈解説〉

関係代名詞 whichever の問題です。

whichever は「どちらの〜でも」という意味です。空欄の前の「by e-mail or fax」と、後ろの「they prefer」をヒントに英文の意味を考えてください。正解の whichever にたどりつけるはずです。

英文に慣れていない人にとっては、少し難しい問題かもしれません。TOEIC テスト改変前には、パート(6)で出題されたことのある問題です。

〈問題文の訳〉

サマーセミナーに参加したい入学希望者は e-mail かファックスのどちらか好きな方法でオフィスに連絡をしなければなりません。

──────**しっかり押さえておきたいポイント**──────

whichever は「どちらの〜でも」という意味です。

TOEIC 重要単語の紹介(問題から)
prefer　〜の方を好む

第22問

●次の選択肢の中から正しいものを選びなさい。

The political party could not decide whether it should concentrate its efforts on a few large ( ) a few small town politics.

Ⓐ or

Ⓑ but

Ⓒ both

Ⓓ neither

【単語の意味】

political party ……………………………………政党
concentrate on ……………………………～に集中する
politics [pálətiks]……………………………政治、政策

〈4 忘れたころに出る重要問題〉 229

〈答え〉 Ⓐ or

できたら…………○
できなかったら…×

〈解説〉

whether A or B の問題です。
whether は「whether A or B（A か ま た は B か）」や「whether A or not（A かどうか）」という形で、or とともに使われることが多いので、whether があれば、or が続くかもと考えてみてください。
この文では、「A かまたは B か」という意味になっており、whether 以下は decide の目的語になっています。

〈注意〉

この形のほかに、「whether + S（主語）+ V（動詞）」の形の問題も出題されます。その場合は「S が V するかどうか」という意味になります。

〈問題文の訳〉

その政党は、少数の大きな町の政治に努力を集中するべきか、小さな町の政治に集中するべきか決められませんでした。

──しっかり押さえておきたいポイント──

「whether A or B」という用法の問題です。whether は「whether A or B（A かまたは B か）」や「whether A or not（A かどうか）」という形でよく使われます。

TOEIC 重要単語の紹介(問題から)

concentrate on
　〜に集中する

politics 政治、政策

第23問

●次の選択肢の中から正しいものを選びなさい。

The supermarket chain has been importing apples from South America (　　) the past year because the growing season is much longer there.

Ⓐ above

Ⓑ along

Ⓒ over

Ⓓ against

【単語の意味】

growing season ……………………………………栽培期

〈答え〉 Ⓒ over

できたら…………○
できなかったら…×

〈解説〉
前置詞の問題です。英文の意味を考えて、空欄に入る適切な前置詞を選ばなければなりません。
英文の動詞が、has been importing と現在完了進行形になっているので、「この1年間ずっと〜している」という継続の意味を表しています。
継続の意味を表すときは、期間を表す言葉を一緒に使うことが多いです。空欄の後ろは the past year になっているので、「〜の間じゅう、〜にわたって」という期間を表す over が正解となります。
すぐに正解の over にたどりつける実力のある人は別として、この問題のように、選択肢に紛らわしい語が並んでいる場合には、消去法を使うと正解にたどりつけることが多いです。このパートに限らず、TOEIC では消去法が思いのほか、有効です。

〈問題文の訳〉
スーパーマーケットチェーンは、栽培シーズンがはるかに長いので、この1年間ずっと、りんごを南アメリカから輸入しています。

────**しっかり押さえておきたいポイント**────

適切な前置詞を選ぶ問題では、英文の意味を考えてください。
動詞が現在完了進行形で、かつ空欄の後ろが the past year になっているので「〜の間じゅう、〜にわたって」という期間を表す over を選びます。

さらに得点UP!

——モーテイベーション維持の工夫——

　短期間で点数を出す生徒の条件の一つに「モーテイベーションの高さ」があります。

　企業研修の際には「苦しいけれど今集中的に勉強して1番近い日程でテストを受けてください」と必ず言っています。

　教室や研修が終わると1人で勉強をしなければならず、精神力の強い人と目的意識の強い人以外はモーテイベーションが下がります。そうなると、勉強時間が減り、点数も下がるという悪循環に陥りやすいのです。そういう場合には、モーテイベーションを維持する工夫を自分で見つけることが必要となります。

　私のセミナーの生徒やメルマガの読者が、そのためにどのような工夫をしているのか、いろいろ取材してみると、英語の教室やセミナーに参加するというのが、もっとも効果の高い方法のように思います。単発のセミナーは負担が大きくないのでお勧めです。

　他にも、TOEICの勉強仲間を集めて勉強会をする、メー

さらに得点UP!

リングリストなどを使って励ましあう等の方法があります。

mixi（ミクシィ）のようなコミュニケーションツールを使えば、TOEIC勉強者の情報交換のためのグループが多く見つかります。自分の点数にあったグループに参加して励ましあうこともできるようです。また、mixiであれば自分でグループを立ち上げることもできます。

意外にも「モーテイベーションの高揚に役にたった」と読者から頻繁にいただくメールに、私のメルマガの「編集後記」があります。毎回ではないのですが、「先生の教えてくれたこの方法にしたがってこんな努力をしたら点数が上がった」というお礼メールを紹介することがあります。編集後記にそのようなメールが紹介されるたびに保管をしておき、モーテイベーションが下がると繰り返し読んでいるという方がいらっしゃいます。

親友でも恋人でも同僚でも構いませんが、身近なところで刺激しあえる勉強仲間を作るというのも、いい方法だと思います。ご自分にあった方法を見つけ、工夫なさってください。

5

【 ちょっと難しい問題 】

TOEICテストには、高得点を狙う人をわざと引っ掛けようとして作成された問題があります。かなり難しいですが、「難しい問題はみんなできないのだから」と割り切ることも、時には必要です。

第1問

●次の選択肢の中から正しいものを選びなさい。

Customers who have earthquake insurance want to be paid as (　　) as possible after the earthquake so that they may begin to rebuild their lives.

Ⓐ quick

Ⓑ quickly

Ⓒ quicker

Ⓓ quickest

【単語の意味】

earthquake [ɔ́:rθkwèik] ……地震
insurance [inʃúərəns] ………保険
rebuild [rì:bíld] ……………再建する、復元する、復興する

〈5　ちょっと難しい問題〉 **237**

〈答え〉 Ⓑ quickly

できたら…………○
できなかったら…×

〈解説〉

品詞(副詞)の問題です。

「as 〜 as possible」で「できるだけ〜」という意味の熟語です。as 〜 as の中には、形容詞が入ることもあれば、副詞が入ることもあります。この問題の場合、どちらが入るかは、動詞 (一般動詞なのか be 動詞なのか) を見て判断します。動詞は「be paid」です。受け身形になっていますが、一般動詞です。一般動詞を修飾するのは副詞です。ですから、副詞の quickly を選べば正解です。

深く考えないで、形容詞の「quick」を選ぶ人が多いのではないかと思います。

実際にこの1年以内に出題されたタイプの問題です。

〈問題文の訳〉

地震保険の加入者は、生活を立て直すために、地震の後、できるだけ早く保険金を支払って欲しいと望んでいます。

―――― 難しいが押さえておきたいポイント ――――

「as 〜 as possible」で「できるだけ〜」という意味の熟語で、「as 〜 as」の中には、形容詞が入ることもあれば、副詞が入ることもあります。どちらが入るかは動詞を見て判断しましょう。一般動詞であれば副詞を、be 動詞であれば形容詞を選びましょう。

TOEIC 重要単語の紹介 (問題から)

insurance	保険

第2問

●次の選択肢の中から正しいものを選びなさい。

As soon as all applications (　　) received, the committee will examine and choose qualified applicants.

Ⓐ had been

Ⓑ was

Ⓒ have been

Ⓓ will be

【単語の意味】

as soon as ……………………………〜するとすぐに
application [æplikéiʃən] …………応募、出願、願書、申請
committee [kəmíti] ………………委員会
qualified [kwáləfàid] ……………資格のある、適任の
applicant [æplikənt] ………………応募者、志願者

〈5　ちょっと難しい問題〉 **239**

〈答え〉 Ⓒ have been

できたら…………○
できなかったら…×

〈解説〉

時制の問題です。時や条件を表す副詞節では、未来のことも現在形で表します。具体的には、when、as、as soon as などの後ろが現在形になるということです。この英文でも、「as soon as」の後に主語がきて、その後ろが空欄になっています。「ピン!!」ときてください。ただ、難しいのは、選択肢の中に現在形がないことです。現在形はなくても、現在形に近い現在完了形があります。ということは、正答として、現在完了形を選べばいいということになります。TOEIC テストではこのようなタイプのトリックが時々使われます。例えば、未来完了形の英文のはずなのになあ、と思っても選択肢に未来完了形がなく、代わりに未来完了進行形がある、というようなパターンです。答えがないなあ、と思ったら近いものを探しましょう。最近の TOEIC テストで実際に出題されたタイプの問題です。

〈問題文の訳〉

すべての願書を受け取り次第、委員会は審査し、適任の応募者を選ぶでしょう。

―――― **難しいが押さえておきたいポイント** ――――

時や条件を表す副詞節では、未来のことも現在形で表します。具体的には、when、as、as soon as などの後ろが現在形になるということです。

―― **TOEIC 重要単語の紹介**(問題から) ――

application
　応募、出願、願書、申請

committee　委員会

qualified　資格のある、適任の

applicant　応募者、志願者

第3問

●次の選択肢の中から正しいものを選びなさい。

The chemical company plant does not allow smoking by employees ( ) on duty.

Ⓐ during

Ⓑ as

Ⓒ while

Ⓓ in

【単語の意味】

chemical company …………………… 化学会社
plant [plænt] …………………………… 工場
allow [əláu] ……………………………… ～を許す、認める
employee [implóii:] …………………… 従業員
duty [d(j)ú:ti] …………………………… 任務、職務

〈答え〉 Ⓒ while

できたら…………○
できなかったら…×

〈解説〉

during と while の問題です。during か while かを問う問題を少しひねったものです。このタイプの出題は珍しいのですが、実は1年間で2回も出題されました。基本的に覚えておかなければならないのは「during の後ろは名詞(句)がくるが、while の後ろは節がくる。例外は後ろに〜 ing がくる場合のみ」です。この問題の on duty は副詞句です。どのように判断すればいいのか迷った方が多いのではないでしょうか。副詞句ということまでは判断できず、「何か句っぽいから、during」と考えた人が多いのではと思います。実はこの英文の on duty の前には「employees are」が省略されているのです。ですから正しくは「employees are on duty」なのです。ということは節ですから、while が正解ということになります。あるいは「while on duty」を「勤務中に」という意味の慣用表現として覚えていた方は簡単に正答できたと思います。

〈問題文の訳〉

その化学工場は、従業員が勤務中にタバコを吸うことを許していません。

――――難しいが押さえておきたいポイント――――

on duty の前に「employees are」が省略されていることに気付いてください。そうすれば「employees are on duty」は節なので、while が正解だとわかります。また、「while on duty」は「勤務中に」という意味の慣用表現でもあります。

TOEIC 重要単語の紹介(問題から)

plant 工場	**allow** 〜を許す、認める
employee 従業員	**duty** 任務、職務

第4問

●次の選択肢の中から正しいものを選びなさい。

Prestigious business schools require much work experience, (　) requiring high test scores of GMAT and TOEFL.

Ⓐ aside

Ⓑ besides

Ⓒ along

Ⓓ beyond

【単語の意味】

prestigious [prestí:dʒəs]・・・・・・・・一流の、高名な
work experience ・・・・・・・・・・・・・・実務経験、業務経験、職歴

〈答え〉 Ⓑ besides

できたら…………○
できなかったら…×

〈解説〉
前置詞の問題です。空欄の後ろが動名詞（〜 ing 形）になっています。ということは、空欄には前置詞が入るのではないかと考えられます。選択肢の中で前置詞は、Ⓑの besides と Ⓒの along と Ⓓの beyond です。aside は「〜は別にして」という意味の副詞なので簡単に正答候補からはずせます。along は副詞と前置詞の両方があり、副詞だと「〜に従って」という意味で、前置詞だと「〜に沿って」という意味になります。一方 beyond は「〜を超えて」という意味の前置詞です。along でも、beyond でも英文の意味が通りません。besides は「そのうえ」という意味の副詞の他に「〜の他に」という意味の前置詞でもあります。ということは besides が正解ということになります。英語を読みなれている人は感覚的にすぐに選べますが、そうでない人にとっては少し難しい問題です。この問題は実際に出題されたタイプの問題です。besides に「〜の他に」という意味があることを知らなかった人は、意味も覚えましょう。

〈問題文の訳〉
有名なビジネススクールは、高い GMAT や TOEFL の点数の他に、多くの職務経験を求めます。

―――難しいが押さえておきたいポイント―――
前置詞の後ろには名詞(句)がきます。前置詞の後ろに動詞を置きたい場合には動名詞になります。まず、品詞で考え、次に意味で考えて消去してください。正答にたどりつけます。

TOEIC 重要単語の紹介(問題から)

prestigious 　一流の、高名な	work experience 　実務経験、業務経験、職歴
besides　〜の他に	beyond　〜を超えて

第5問

●次の選択肢の中から正しいものを選びなさい。

Mr. Johnson was appointed (　) the position of ambassador to France by the president.

Ⓐ in

Ⓑ by

Ⓒ to

Ⓓ of

【単語の意味】

appoint [əpɔ́int]・・・・・・・・・・・・・・・・・・・・・・・任命する
position [pəzíʃən]・・・・・・・・・・・・・・・・・・・・・地位、身分
ambassador [æmbǽsədər]・・・・・・・・・・・・大使
president [prézədənt]・・・・・・・・・・・・・・・・大統領

〈5　ちょっと難しい問題〉 245

〈答え〉 Ⓒ to

できたら…………○
できなかったら…×

〈解説〉

前置詞の問題です。

「appoint to」で「〜に任命する」という意味の慣用表現です。ここでは「〜に任命された」と受動態になっているため、be appointed to となります。前置詞の to が正解ですが、あまり頻繁に目にする表現ではないので、普段から英文を読みなれていないとわからないのではないかと思います。慣用句の中でも難易度の高い慣用句です。

実際にこの1年以内に出題されたタイプの問題です。

〈問題文の訳〉

ジョンソン氏は大統領によってフランス大使のポジションに任命されました。

───難しいが押さえておきたいポイント───

「be appointed to」で「〜に任命される」という意味の慣用表現です。

TOEIC 重要単語の紹介(問題から)
appoint 任命する　　　　**position** 地位、身分

第6問

●次の選択肢の中から正しいものを選びなさい。

The Chinese bank was declared to be dysfunctional because its business routines were not ( ) the standards established by the central bank.

Ⓐ according to

Ⓑ regulating to

Ⓒ accompanied by

Ⓓ established by

【単語の意味】

declare [dikléər] ……………言明する、宣言する
dysfunctional [disfʌ́ŋkʃənl]…機能障害の、機能不全の
routine [ru:tí:n] ………………日常業務、決まりきった仕事
standard [stǽndərd]…………基準、標準
establish [istǽbliʃ] ……………制定する、定める、設立する
central bank ……………………中央銀行

〈5 ちょっと難しい問題〉 **247**

〈答え〉 Ⓐ according to

できたら……………○
できなかったら…×

〈解説〉

熟語の問題です。

実際にこの1年以内に出題されたタイプの問題です。間違わせようとして作成された少し難しい高得点者向けの熟語の問題です。

「according to the newspaper」などのように、「～によると」という意味は知っている人が多いと思いますが、普段英文を読みなれている人でなければ「according to ～」に「～に従って、～に準じて」という意味があることは知らないと思います。その意味では、普段から英文を読んで語感を高めることが重要です。

〈問題文の訳〉

中国の銀行は、業務が中央銀行によって決められた基準に従っていなかったために、機能失調に陥っていると宣言されました。

——— 難しいが押さえておきたいポイント ———

「according to ～」には誰もが知っている「～によると」という意味の他に、「～に従って、～に準じて」という意味もあります。

TOEIC 重要単語の紹介(問題から)

declare 言明する、宣言する
standard 基準、標準
be accompanied by ～が伴う、～が添付してある
routine 日常業務、決まりきった仕事
establish 制定する、定める、設立する

248

第7問

●次の選択肢の中から正しいものを選びなさい。

The manuscript is due to (　) before the end of the month, but Mr. Smith will be unable to meet the deadline.

Ⓐ the department

Ⓑ departure

Ⓒ departing

Ⓓ depart

【単語の意味】

manuscript [mǽnjəskrìpt]……………………原稿
due [d(j)úː] ……………………………………提出期限の
meet the deadline……………………………締め切りに間に合う

〈5 ちょっと難しい問題〉 **249**

〈答え〉 Ⓐ the department

できたら…………○
できなかったら…×

〈解説〉
語彙問題&トリック問題です。実際にこの1年以内に出題されたタイプの問題です。間違いを導く目的で作成された問題とでも言えます。

空欄前の「due to」を見て、大半の人が、「〜のせいで」という意味の due to だと思い、「後ろを名詞(句)にするためには」、と考えたと思います。私も実際に受けていて、最初はそう考えました。でも、すぐにおかしいことに気付き英文を読み返しました。で、わかったのです。「この due は『締め切りの』という意味の due!! だ」と…。「部門への原稿は月末前が締め切りです」と言っているのです。高得点を狙う人をひっかけようとして作成された問題です。

〈問題文の訳〉
部門への原稿は月末前が締め切りですが、スミス氏は締め切りに間に合わないでしょう。

─── 難しいが押さえておきたいポイント ───
due には「締め切りの」という意味があります。頻出問題の「due to」の顔をしたひっかけ問題です。ひっかけ問題が出る、ということを頭に入れておきましょう。

TOEIC 重要単語の紹介(問題から)

manuscript 原稿
meet the deadline 締め切りに間に合う
due 提出期限の

第8問

●次の選択肢の中から正しいものを選びなさい。

The sales manager could have written the report to the president, but instead, he had (　) on his staff write a short part of the report.

Ⓐ themselves

Ⓑ anyone

Ⓒ everyone

Ⓓ ourselves

【単語の意味】

instead [instéd] …………そうしないで、その代わりに

〈答え〉 ⓒ everyone

できたら…………○
できなかったら…×

〈解説〉
適切な代名詞を選ぶ問題です。この問題は難易度の高い問題です。英文の意味を考えて一つずつ消去していくのが一番簡単かと思います。「マネージャーは自分でできたはずのレポートをそれぞれのスタッフに書かせた」という意味にしたいわけですから、themselves や ourselves は選べません。anyone は「誰も」という意味の代名詞です。「すべての人」という意味の代名詞である everyone を選べば正しい英文になります。実際にこの1年以内に出題されたタイプの問題です。この問題が出題された回の TOEIC テストは難しい語彙問題が多く、加えてこのような難問が数問出題されました。そのようなテストの場合、気をつけなければならないのが、「ああ、難しい」と落ち込み、難しい問題の間にある簡単な品詞等の問題まで難しく見えてしまって落としてしまうことです。難しい問題はみんなできないから、と考え、できる問題を1問でも多く探すことが重要です。

〈問題文の訳〉
販売マネージャーは社長へのレポートを書くことができたのでしょうが、そうしないで、各スタッフにレポートの短い部分を書かせました。

―――― 難しいが押さえておきたいポイント ――――
適切な代名詞を選ぶ問題で、難易度が高くわからない場合には、英文の意味を考えて一つずつ消去していくのが逆に早道かもしれません。あるいは、1問捨てる（適当につけて次の問題に移る）のが賢明です。

TOEIC 重要単語の紹介 (問題から)

instead そうしないで、その代わりに

第9問

●次の選択肢の中から正しいものを選びなさい。

The planning committee has already finished targets (　　) this year and is now working on future plans.

(A) for

(B) in

(C) at

(D) on

【単語の意味】

planning committee ……………………実行委員会
target [tá:rgət] ……………………………目標、ターゲット

〈答え〉 Ⓐ for

できたら…………○
できなかったら…×

〈解説〉

前置詞の問題です。「target for ～」で「～の目標」という意味になります。

先に空欄直前の target に気付いて target に続く前置詞がどれかを探した人は、正解の for を選べたと思いますが、先に空欄直後の this year が目にとまった人の中にはⒷの「in」を選んだ人が多いのではないかと思います。

「in the year 2000」のように year には in がつく場合が多いので、ひっかけようとして選択肢に in を入れているのです。

前置詞は時々省略されることがあります。場所、時、数量を示す前置詞の場合が多いです。last year、this year などのように、last や this のついた時を表す表現の場合もそうです。この英文でも、this year の前の前置詞が省略されます。

最近の公開 TOEIC テストで実際に出題されたタイプの問題です。このような問題はすぐに「トリック問題」だと気付いてください。トリック問題だと気付けばすぐに、in 以外の選択肢で、英文の意味が通るものがないかどうかチェックしてください。

改変前の TOEIC のパート(6)で、「this year や last year などの前に前置詞 in がついていて消す」というタイプの問題が出題されることがありましたが、それをさらにひねった問題です。改変前のトリックのパターンを覚えていれば、簡単に応用できます。

〈問題文の訳〉

実行委員会はすでに今年の目標を達成し、現在は将来の計画に取り組んでいます。

───難しいが押さえておきたいポイント───

「target for ～」で「～の目標」という意味になります。
last year、this year などのように、last や this のついた時を表す表現では year の前の in は省略されます。間違って in を選ばせようという意図のもとに作成されたトリック問題です。

TOEIC 重要単語の紹介(問題から)

committee　実行委員会

さらに得点UP!

ちょっとユニークな勉強方法

「勉強してもまったく点数が上がらない」という質問を受ける機会が多くあります。そのような場合は、勉強方法を間違えているか、勉強時間が足りないかのどちらかです。

メルマガ読者の、ユニークな勉強方法をご紹介します。

彼は、入社後3年間、TOEICの点数はずっと300点台。英語の勉強をまったくしていないわけではなく、参考書を多数購入して勉強していたにもかかわらず、スコアが上がらなかったとのこと。「自分には英語のセンスがない」と半ば諦めかけたものの、30歳を前にして再び気を取り直し、効率的な勉強法やスコアを上げるための最適な教材を探すことにします。

具体的には、大量の英語系メルマガを購読開始。その中の一つが私のメルマガでした。

しかし、単語の意味もまったくわからず、文法も難しすぎる。メルマガは軽く流す程度でリスニングばかり勉強するようになったのですが、TOEICが近づき問題集をやってみたけれどほとんど変化なし。そこで、保存していた私の

さらに得点UP!

メルマガの「編集後記」を再読したそうです。

その中に紹介していた「TOEIC の点数が急上昇した人のお礼メール」を読み、自分もその勉強法を試してみることにしたそうです。

そこで、私が製作・販売している「TOEIC 既出問題集 Vol. 1 & 2」と前作を購入し、「公式ガイド&問題集」も購入。

TOEIC まで 2 週間しかなかったので、私の問題集をひたすら繰り返し解き、「公式ガイド&問題集」も解いたそうです。

その結果、2004 年の 12 月には 370 点 (L：190 R：180) だったのが、2005 年 6 月にはなんと 595 点 (L：290 R：305) になったのです。パート (5)、(6) では英文を全部読まないで解けた問題が半分はあり、初めて、TOEIC の問題文を最後まで読めたそうです。単語の勉強はまったくしていないので、単語力は TOEIC300 点レベル。私のメルマガの問題文は、今でも全文訳すことはできないそうです。

大量のメルマガを購読し最良の方法を模索、編集後記に紹介した体験談を実行。彼のパワーには脱帽です。

6

【 押さえておきたい 単語・熟語 】

単語・熟語関連の問題が増えています。前作に引き続き、本書でも、実際に出題された、あるいは出題されそうな問題を取り上げます。特に熟語問題は、同じような熟語が何度も出題されています。地道な努力を続けましょう。

第1問

●次の選択肢の中から正しいものを選びなさい。

( ) of gender, the company will transfer competent personnel to the New York office.

Ⓐ Careless

Ⓑ Regardless

Ⓒ Despite

Ⓓ Inconsiderate

【単語の意味】

gender [dʒéndər]············性、性別
transfer [trænsfə́:r]············転勤させる、移動させる
competent [kámpətnt]············有能な
personnel [pə̀:rsənél]············人員、要員

〈答え〉 Ⓑ Regardless

できたら…………○
できなかったら…×

〈解説〉

熟語の問題です。「regardless of ～」は日常生活でも、ビジネスでもよく使う熟語で、「～に関係なく、～にかまわず」という意味です。TOEIC テストを作成している ETS の好きな熟語の一つで、TOEIC テストにも定期的に出題されます。1 年に数度出題されたこともある熟語です。覚えておくと、英会話でも使えて便利です。

〈問題文の訳〉

性別にかかわらず、会社は有能な人材をニューヨークオフィスに転勤させるでしょう。

────── 押さえておこう、この熟語 ──────

「regardless of ～」は「～に関係なく、～にかまわず」という意味です。重要熟語の一つです。

TOEIC 重要単語の紹介（問題から）

transfer 転勤させる、移動させる　**competent** 有能な
personnel 人員、要員

第 2 問

● 次の選択肢の中から正しいものを選びなさい。

Be sure to keep this medicine ( ) of small children because it can have serious consequences if taken by young children.

Ⓐ out of hand

Ⓑ out of position

Ⓒ out of way

Ⓓ out of reach

【単語の意味】

medicine [médəsn] ……………………………薬
serious [síəriəs] ……………………………重大な、深刻な
consequence [kánsəkwèns] ……………………結果

〈答え〉Ⓓ out of reach

できたら…………○
できなかったら…×

〈解説〉

熟語の問題です。「out of reach」は、「手の届かないところに」という意味の熟語です。英文を読んで全体の意味を考えれば、この熟語を知らなくても、「子供の手の届かないところに」という意味は簡単に想像できるはずで、自動的に out of reach が選べるのではないかと思います。2年以上続けて、公開 TOEIC テストを受けてきましたが、この熟語は数回出題されました。熟語の問題は、同じような熟語が繰り返し出題されているため、単語の問題に比べるとあたりがつけやすいです。

〈問題文の訳〉

小さい子供が飲むと大変な事態になるので、この薬は必ず小さい子供の手の届かないところにしまっておくようにしてください。

―――――― **押さえておこう、この熟語** ――――――

「out of reach」は、「手の届かないところに」という意味で、頻繁に使われる熟語です。

TOEIC 重要単語の紹介（問題から）

| medicine 薬 | consequence 結果 |

第3問

●次の選択肢の中から正しいものを選びなさい。

The average price of tickets to hear the Italian opera company was ¥50,000, but after the performance, I thought it was worth the (　).

Ⓐ fare

Ⓑ quantity

Ⓒ expense

Ⓓ quality

【単語の意味】

average price ……………………平均価格
performance [pərfɔ́ːrməns] ……パフォーマンス、演技、演奏
worth [wə́ːrθ] ………………………〜の価値がある、〜に値する

〈6 押さえておきたい単語・熟語〉 263

〈答え〉 Ⓒ expense

できたら…………○
できなかったら…×

〈解説〉

単語の問題です。単語の問題は英文全体の意味を考えなければなりません。英文を読んでどの選択肢であれば意味が通じるかを考えれば、Ⓒの expense しか残りません。

worth the expense で「支出に見合う」という意味の表現になります。英語に慣れていない人にとっては少し難しい問題ですが、選択肢の中でお金に関するものはⒶの fare と、Ⓒの expense だけです。fare は「運賃」という意味なのでこの英文では使えません。expense は「経費」という意味で、ビジネスで頻繁に使われる単語です。このように消去法を使えば、比較的簡単に正解にたどりつけます。ビジネスで頻繁に使う表現なので、似通った問題が頻繁に出題されます。「worth the cost」という表現も出題されたことがあります。他にも「expense was worthwhile」や「expense was justified」などの表現でも出題されました。どれも同じような意味で、同じような使い方です。「expense」は大変重要な単語です。

〈問題文の訳〉

イタリアオペラを聴くためのチケットの平均価格は5万円でしたが、オペラを聴いた後にその値打ちがあったと思いました。

―――――押さえておこう、この単語―――――

worth the expense で「支出に見合う」という意味の表現になります。「expense」は頻繁に出題される単語です。

TOEIC 重要単語の紹介(問題から)

worth
～の価値がある、～に値する

fare 運賃、料金

264

第 4 問

●次の選択肢の中から正しいものを選びなさい。

Because of the oil shortage, gasoline prices are (　　) rise throughout the world, especially in major gasoline consuming countries.

Ⓐ expecting to

Ⓑ expect to

Ⓒ expected to

Ⓓ going to expect

【単語の意味】

shortage [ʃɔ́ːrtidʒ] ……………………不足
throughout [θruː(ː)áut] ……………〜の全体にわたって
especially [ispéʃəli]……………………特に、とりわけ
consuming country ……………………消費国

〈答え〉 Ⓒ expected to

できたら…………○
できなかったら…×

〈解説〉

熟語の問題です。「be expected to ～」で「～と思われる」という意味の熟語です。経済記事や、企業の業績報告関連の記載等によく使われる表現です。空欄の直前に be 動詞の are があるため、Ⓐの expecting to を選んだ人がいるかと思います。「be expected to ～」は重要な表現なので、このまま覚えましょう。実際に TOEIC テストに出題された表現です。
普段からビジネスで英語に触れている方は、熟知している表現だと思います。

〈問題文の訳〉

石油不足のために、ガソリン価格が世界中、とりわけ主要ガソリン消費国で上がると思われます。

———— 押さえておこう、この熟語 ————

「be expected to ～」で「～と思われる」という意味です。重要な表現の一つです。

———— TOEIC 重要単語の紹介(問題から) ————

shortage 不足　　　　　throughout
　　　　　　　　　　　～の全体にわたって

第5問

●次の選択肢の中から正しいものを選びなさい。

The company spent much time planning for the new product, but the sales in the first year were disappointingly ( ) of expectation.

Ⓐ lack

Ⓑ high

Ⓒ short

Ⓓ much

【単語の意味】

spend [spénd]……………………………費やす
new product……………………………新製品
sales [séilz]………………………………売上(高)、販売
disappointingly [dìsəpɔ́intiŋli]………失望したことには
expectation [èkspektéiʃən]……………期待、予想

〈6 押さえておきたい単語・熟語〉 267

〈答え〉 ⓒ short

できたら…………○
できなかったら…×

〈解説〉

熟語の問題です。「be short of ～」で「～が足りない、～の手前に」という意味の熟語です。ですから「be short of expectation」だと「期待はずれになる」という意味になります。「be short of ～」は、日頃から英文を読みなれている人は頻繁に目にしている表現です。この表現を知らない人はⒶの lack を選ぶのではないでしょうか。ビジネス関連の表現でもよく使われる熟語です。実際に TOEIC テストに出題された表現です。

〈問題文の訳〉

会社は新製品のプランニングに多くの時間を費やしましたが、残念ながら初年度の売上高は期待通りにはいきませんでした。

押さえておこう、この熟語

「be short of ～」で「～が足りない、～の手前に」という意味の熟語です。頻繁に使われる表現で、重要な熟語です。

TOEIC 重要単語の紹介 (問題から)

spend 費やす
expectation 期待、予想
sales 売上(高)、販売

第 6 問

●次の選択肢の中から正しいものを選びなさい。

Recent hikes of the interest rate caused serious damage to corporate (　) because of the higher borrowing costs.

(A) benefit

(B) reward

(C) profit

(D) earning

【単語の意味】

recent [ríːsnt] ……………最近の
hike [háik] ………………上昇
interest rate ……………金利
serious [síəriəs] …………重大な、深刻な
borrowing cost ……………借り入れ費用、借り入れコスト

〈6 押さえておきたい単語・熟語〉 **269**

〈答え〉Ⓒ profit

できたら…………○
できなかったら…×

〈解説〉

単語の問題です。単語の問題は英文全体の意味を考えなければなりません。選択肢はどれもビジネスで頻繁に使われる単語で、かつ似たような意味を持つものばかりです。また、Ⓑ以外の単語はすべて「利益」という意味があります。ただ、企業利益（企業収益）という場合には profit しか使えません。同じような意味の単語であっても状況によって使い分けなければなりません。普段ビジネスで英語を使っている人や読んでいる人は簡単に使い分けられます。「profit」も何度も出題されたことのある単語です。形容詞の「profitable（儲かる、利益がある）」も出題されたことがあります。関連付けて覚えておきましょう。最近の TOEIC テストはすべてのパートにわたって、ビジネス関連の内容が増えています。単語の問題も例外ではありません。この問題も、ビジネスで英語を使っている人や英文で経済記事などを読みなれている人にとっては簡単な問題ですが、そうでない人は同じような意味の選択肢が並んでいるため間違えるかもしれません。英文の中で単語を覚えるようにするといいと思います。

〈問題文の訳〉

借り入れコストが高くなるため、最近の金利の上昇は企業利益を圧迫しました。

―――――**押さえておこう、この単語**―――――

「profit」は「利益」という意味で、ビジネス的にも TOEIC 的にも重要単語の一つです。

TOEIC 重要単語の紹介(問題から)

| reward 報酬 | interest rate 金利 |

第7問

● 次の選択肢の中から正しいものを選びなさい。

The construction company developed a new subdivision and offered a (　　) of model houses to the public.

Ⓐ many

Ⓑ diverse

Ⓒ variety

Ⓓ difference

【単語の意味】

construction company……………建設会社
develop [divéləp]……………………開発する、作り上げる
subdivision [sʌ́bdivìʒən] …………分譲地
offer [ɔ́fər]……………………………〜を提供する、提案する
public [pʌ́blik] ………………………一般の人々、一般市民

〈6 押さえておきたい単語・熟語〉 271

〈答え〉 Ⓒ variety

できたら…………○
できなかったら…×

〈解説〉

熟語の問題です。「a variety of ～」は「いろいろな～」という意味で頻繁に使われる熟語です。もちろん、代わりに「varieties of」を使っても構いません。まったく同じ意味です。普段から英語に慣れている人にとっては簡単な問題です。

2年以上公開TOEICテストを受け続けていますが、数度出題されています。よく使われる熟語で、TOEIC的にも重要な熟語です。

熟語の問題は、同じような熟語が繰り返し出題されているため、単語の問題に比べるとあたりがつけやすいです。

〈問題文の訳〉

建設会社は新しい分譲地を開発し、さまざまなモデルハウスを一般の人々に提供しました。

---------- **押さえておこう、この熟語** ----------

「a variety of ～」は「いろいろな～」という意味で頻繁に使われる熟語です。

TOEIC重要単語の紹介(問題から)

develop 開発する、作り上げる	offer ～を提供する、提案する
public 一般の人々、一般市民	diverse 別種の

第8問

●次の選択肢の中から正しいものを選びなさい。

IT business (　　) with other businesses is enjoying prosperous times, so it has enough capital to bid for baseball teams.

Ⓐ comparing

Ⓑ compare

Ⓒ compared

Ⓓ comparably

【単語の意味】

prosperous [prάspərəs] ……………順調な、成功している
capital [kǽpətl] …………………資本(金)、元金
bid for ……………………………〜に入札をする、応札する

〈答え〉 Ⓒ compared

できたら…………○
できなかったら…×

〈解説〉

熟語の問題です。「compared with」で「〜と比べると」という意味で、頻繁に使われる熟語です。TOEICにもよく出題されます。2年以上公開TOEICテストを受け続けていますが、3回以上は出題されました。覚えておけば、日常会話でも使えるので便利です。

間違ってⒶのcomparingを選ぶ人が多いのではないかと思いますが、「compared with」で1度頭に叩き込んでおけば、間違えることはありません。

〈問題文の訳〉

他のビジネスに比べるとITビジネスは好況なため、野球チームに入札するだけの十分な資金があります。

―――――― 押さえておこう、この熟語 ――――――

「compared with」で「〜と比べると」という意味で、頻繁に使われる熟語です。よく出題される重要な熟語です。

―― **TOEIC重要単語の紹介**(問題から) ――

| capital | 資本(金)、元金 | bid for | 〜に入札をする、応札する |

第9問

● 次の選択肢の中から正しいものを選びなさい。

I waited for ten minutes in order to speak to a computer company customer service ( ), but I gave up because I felt ten minutes were too long to wait.

Ⓐ specialist

Ⓑ man

Ⓒ official

Ⓓ representative

【単語の意味】

customer [kʌ́stəmər] ……………………顧客、取引先
wait for ……………………………………～を待つ
give up ……………………………………諦める、断念する

〈6 押さえておきたい単語・熟語〉 275

〈答え〉 ⓓ representative

できたら…………○
できなかったら…×

〈解説〉

単語の問題です。単語の問題は英文全体の意味を考えなければなりません。アメリカの企業では「sales representative（販売員）」という言葉を頻繁に使います。外資系企業で仕事をしている人や取引先に外資系企業が多い人は頻繁に耳にする単語です。

「sales representative」を知っていれば、「service representative（サービス担当者）」が正解だということが容易に想像ができるかと思います。「representative」は他にも「代表者」や「代理人」という意味もあります。TOEIC でもリスニングセクションでは「代表者」の意味で「representative」がよく使われています。動詞の「represent」も同様によく使われています。一緒に覚えましょう。

〈問題文の訳〉

私はコンピューター会社のサービス担当者と話をしようと10分間待ちましたが、10分は私にとって待つのにあまりにも長すぎたので話をするのを諦めました。

押さえておこう、この熟語

「sales representative（販売員）」は最近では日本でも半分日本語のように使われています。「セールスレップ」と略して使っている場合が多いです。sales representative を知っていれば、「service representative」は「サービス担当者」だと想像できるでしょう。

TOEIC 重要単語の紹介（問題から）

customer　顧客、取引先	wait for　～を待つ

第10問

●次の選択肢の中から正しいものを選びなさい。

When the Russian government criticized the American government over nuclear weapons on American bases in Turkey, the American government proposed an ( ) plan to satisfy the Russian government.

Ⓐ alternating

Ⓑ preceding

Ⓒ artificial

Ⓓ alternative

【単語の意味】

criticize [krítəsàiz]　　……………………非難する、批評する
nuclear weapon　　………………………核兵器
base [béis]　　………………………………基地
propose [prəpóuz]　　……………………～を提案する
satisfy [sǽtisfài]　　………………………満足させる、満たす

〈答え〉 ⓓ alternative

できたら…………○
できなかったら…×

〈解説〉
単語の問題です。alternative は名詞と形容詞の両方があり、名詞では「取って代わるもの、代案、選択肢」の意味で、形容詞では「代わりの、二者択一の」という意味になります。
2年以上毎回 TOEIC を受けていますが、過去1年の間に、名詞としての「alternative」、形容詞としての「alternative」、それぞれ1度ずつ出題されました。
ビジネスでもよく使う単語です。最近の TOEIC はビジネスでよく使われる内容や英文にシフトしてきているため、ビジネスでよく使う単語は TOEIC 的にも重要だということになります。覚えていなかった人はここで覚えてしまいましょう。

〈問題文の訳〉
ロシア政府がトルコの米軍基地にある核兵器について米政府を批判した際に、米政府はロシア政府を満足させるために代案を提案しました。

── 押さえておこう、この単語 ──
alternative は名詞と形容詞の両方があり、名詞では「取って代わるもの、代案、選択肢」等の意味で、形容詞では「代わりの、二者択一の」という意味になります。名詞としても、形容詞としても重要です。使い方を覚えましょう。

TOEIC 重要単語の紹介(問題から)

criticize 非難する、批評する　　**propose** 〜を提案する
satisfy 満足させる、満たす

278

第11問

● 次の選択肢の中から正しいものを選びなさい。

The division chief made an exploratory trip to America to look for more sophisticated machine tools to increase our (　　).

(A) utility

(B) productivity

(C) effect

(D) prosperity

【単語の意味】

division chief ……………………………部長
make a trip ………………………………旅行する
exploratory [ikspló(:)rətɔ:ri] ………調査の、調査のための
sophisticated [səfístikèitid] ………高機能の、精巧な
machine tool ……………………………工作機械

〈6 押さえておきたい単語・熟語〉 279

〈答え〉 Ⓑ productivity

できたら…………○
できなかったら…×

〈解説〉

単語の問題です。単語の問題は英文全体の意味を考えなければなりません。英文を読んでどの選択肢であれば意味が通じるかを考えれば、「生産性」という意味のⒷの「productivity」しか残りません。ちなみに、Ⓐの utility は公共事業、Ⓒの effect は効果、Ⓓの prosperity は繁栄、という意味の単語です。

productivity はビジネス必須単語です。ですから TOEIC にも時々出題される重要な単語の一つです。2年以上公開 TOEIC テストを受け続けていますが、「productivity」は数度出題されました。

〈問題文の訳〉

生産性を向上させるために、より高機能な機械を探そうと、部長はアメリカへの調査旅行に行きました。

――――――**押さえておこう、この単語**――――――

「productivity」は「生産性」という意味の単語で、ビジネス必須単語です。また、TOEIC頻出単語の一つです。

TOEIC 重要単語の紹介（問題から）

utility 公共事業	**effect** 効果
prosperity 繁栄	**sophisticated** 高機能の、精巧な

第12問

● 次の選択肢の中から正しいものを選びなさい。

The best advice for the beginning individual investor is ( ) of financial instruments.

- Ⓐ clarity
- Ⓑ withholding
- Ⓒ resolving
- Ⓓ diversity

【単語の意味】

individual investor ……………………………個人投資家
financial instrument …………………………金融商品

〈答え〉Ⓓ diversity

できたら…………○
できなかったら…×

〈解説〉

単語の問題です。単語の問題は英文全体の意味を考えなければなりません。diversity は「多様性」という意味の名詞です。diversity は重要なビジネス用語で、アメリカ企業のパンフレットなどに頻繁に使われる単語です。公式ガイド VOL1 にも「diversity」を問う問題があります。実際に 1 年ほど前にも出題されました。

似たような語彙で、ビジネスの現場でよく使われ、時々 TOEIC にも出てくる単語に「diversify（多様化する）」と「diversification（多様化）」があります。一緒に覚えておきましょう。

ちなみに、Ⓐの clarity は明瞭さ、Ⓑの withholding は差し控える、Ⓒの resolving は分解、という意味の単語です。

〈問題文の訳〉

初心の個人投資家へのベストアドバイスは金融商品の多様化（異なる金融商品を保有すること）です。

―――――― 押さえておこう、この単語 ――――――

「diversity」は「多様性」という意味の名詞です。ビジネス的にも TOEIC 的にも重要な単語です。

TOEIC 重要単語の紹介 (問題から)

investor 投資家	clarity 明瞭さ

第13問

●次の選択肢の中から正しいものを選びなさい。

The board of directors decided that thirty percent of the budget for the next year will be ( ) to research and development.

Ⓐ funded

Ⓑ financed

Ⓒ positioned

Ⓓ allocated

------【単語の意味】------

board of directors……………………………取締役会
budget [bʌ́dʒət] ………………………………予算
research and development(R&D)…………研究開発

〈答え〉 Ⓓ allocated

できたら…………○
できなかったら…×

〈解説〉
単語の問題です。単語の問題は英文全体の意味を考えなければなりません。

「allocate」は「割り当てる、配分する」という意味の動詞で、ビジネスの現場で頻繁に使われる重要な単語です。重要な理由は、「allocate」はお金だけでなく、仕事、人、時間などを割り当てる場合のすべてに使えるためさまざまな場面で使われる単語だからです。ビジネスで頻繁に使われる単語は、TOEIC 的にも大変重要な単語です。覚えていない方はここで覚えましょう。

〈問題文の訳〉
取締役会は来年の予算の 30 パーセントを研究開発費にあてることに決めました。

―――――― 押さえておこう、この単語 ――――――

「allocate」は「割り当てる、配分する」という意味の動詞で、重要なビジネス語彙です。

TOEIC 重要単語の紹介 (問題から)

finance 融資する
position 〜を置く、〜の位置を定める
board of directors 取締役会
budget 予算
research and development(R&D) 研究開発

第14問

●次の選択肢の中から正しいものを選びなさい。

Passengers are asked to be (　) when using cell phones near the special seats for the handicapped.

Ⓐ generous

Ⓑ considerate

Ⓒ attention

Ⓓ charitable

【単語の意味】

passenger [pǽsəndʒər] ……………………乗客
cell phone ………………………………携帯電話
handicapped [hǽndikæpt]……………身体に障害がある

〈答え〉 Ⓑ considerate

できたら…………○
できなかったら…×

〈解説〉

単語の問題です。単語の問題は英文全体の意味を考えなければなりません。英文を読んでどの選択肢であれば意味が通じるかを考えれば、「思いやりのある、思慮深い」という意味の形容詞であるⒷの considerate しか残りません。considerate という単語を知らなくても、動詞の consider は知っているはずです。consider から想像できるのではないかと思います。この1年の間に2度も出題された単語です。ここで覚えましょう。

ちなみに、Ⓐの generous は寛大な、Ⓒの attention は注意、Ⓓの charitable は慈善の、という意味の単語です。

〈問題文の訳〉

乗客は、身体障害者用の優先席近くで携帯電話を使用する際には、注意を払うようにと言われています。

押さえておこう、この単語

「considerate」は「思いやりのある、思慮深い」という意味の形容詞です。

TOEIC 重要単語の紹介（問題から）

generous　寛大な
handicapped
　身体に障害がある

passenger　乗客

第15問

●次の選択肢の中から正しいものを選びなさい。

The vacation trip sold to the public seemed very cheap, but was ( ) to many conditions regarding departure date, duration of stay and terms of payment.

Ⓐ entitled

Ⓑ subject

Ⓒ designated

Ⓓ expected

【単語の意味】

vacation [veikéiʃən] ······休暇
public [pʌ́blik] ······一般の人々
condition [kəndíʃən] ······条件
regarding [rigáːrdiŋ] ······〜に関して
departure date ······出発日
duration [d(j)uəréiʃən] ······持続期間、存続期間
term [tɔ́ːrm] ······条件、条項

〈答え〉 Ⓑ subject

できたら…………○
できなかったら…×

〈解説〉

熟語の問題です。「be subject to」は「～を条件とする、～を受けやすい」という意味の熟語です。ビジネスの現場でよく使われる表現です。ビジネスで頻繁に使われる熟語は、TOEICでも出題される頻度が高くなります。

「be entitled to ～」は「～を受ける資格がある」
「be designated to ～」は「～に任命される」
「be expected to ～」は「～と思われる」という意味です。

いずれの表現も重要な熟語で、ビジネスでも頻繁に使われます。すべてTOEICに出題されたことのある熟語です。「be subject to ～」だけでなく他の3つの表現も一緒に覚えましょう。熟語の問題は、同じような問題が繰り返し出題されているため、単語の問題に比べるとあたりがつけやすいです。

〈参考〉

この問題に出てくる「duration（持続期間、存続期間）」は出題されたことのある単語です。債権関係の仕事やコンピューター関連の仕事についている人は知っている単語ですが、大半の人にとっては知らない単語だと思います。

〈問題文の訳〉

一般の人々に売られている休暇旅行は大変安いようでしたが、出発日や滞在期間、支払いについて多くの条件がありました。

押さえておこう、この熟語

「be subject to」は「～を条件とする、～を受けやすい」という意味の熟語です。ビジネスの現場でよく使われます。

TOEIC 重要単語の紹介(問題から)

vacation 休暇	public 一般の人々
regarding ～に関して	duration 持続期間、存続期間

288

第16問

●次の選択肢の中から正しいものを選びなさい。

Several members from each section were asked to assemble in the company auditorium, but it was not large enough to (　) them.

Ⓐ put

Ⓑ keep

Ⓒ carry

Ⓓ accommodate

【単語の意味】

assemble [əsémbl] ……………………集める、集合させる
auditorium [ɔ̀:dətɔ́:riəm] ……………講堂、大講義室

〈答え〉 Ⓓ accommodate

できたら…………○
できなかったら…×

〈解説〉

単語の問題です。似通った単語の問題や、自動詞／他動詞の問題などもすべて単語の問題と考えると単語関連の問題がパート(5)の半分近くをしめています。単語の問題は英文全体を読んでどの選択肢であれば意味が通じるかを考えなければならないので、他の問題に比べると時間がかかります。この英文を読むと、「(施設などが人を) 収容する、泊める」という意味の「accommodate」を入れれば英文の意味が通ることがわかります。「accommodate」は日常的によく使う単語です。「accommodate」は他にも「accommodate schedule (スケジュールに適応させる)」という意味で、やはり語彙問題で出題されたことがあります。「収容する、泊める」とは違い、この使い方には慣れていない人が多いのではないでしょうか。英語をたくさん読んで語感を鍛えていると、わかる場合も多いです。

〈問題文の訳〉

各セクションから数名が会社の講堂に集まるように言われましたが、講堂はその人達を収容するのに十分な広さではありませんでした。

―――― 押さえておこう、この単語 ――――

accommodate は「収容する、泊める」という意味で頻繁に使われる単語です。他にも「適応させる」という意味があることも覚えておきましょう。両方とも、それぞれ別の問題で出題されたことがあります。両方の意味を覚えておきましょう。

TOEIC 重要単語の紹介 (問題から)

assemble 集める、集合させる　　auditorium 講堂、大講義室

第17問

● 次の選択肢の中から正しいものを選びなさい。

This model is made ( ) for the East European market.

Ⓐ exclusively

Ⓑ excellently

Ⓒ morally

Ⓓ monopolistically

【単語の意味】

market [má:rkit]……市場

〈答え〉 Ⓐ exclusively

できたら…………○
できなかったら…×

〈解説〉

単語の問題です。単語の問題は英文全体の意味を考えなければなりません。「東ヨーロッパ市場のためだけに作られた」と言いたいわけですから、「まったく〜のみ、独占的に、排他的に」という意味であるⒶの「exclusively」しかあてはまる単語はありません。

Ⓑのexcellentlyは「見事に」、Ⓒのmorallyは「道徳上」、Ⓓのmonopolisticallyは「独占的に」という意味の、副詞です。monopolisticallyも「独占的に」という意味で日本語で書くと同じになりますが、独占の意味が異なりmonopolisticallyは「独占禁止法」とか「独占企業」等を表す際に使う単語です。ビジネスでよく使う独占契約のことを「exclusive contract」と言います。ですから、exclusivelyという単語は契約書でよく使われます。

〈問題文の訳〉

このモデルは東ヨーロッパ市場に向けてのみ作られています。

―――――押さえておこう、この単語―――――

exclusivelyは「まったく〜のみ、独占的に」という意味の副詞です。ビジネスでよく使う単語なのでTOEIC的にも重要です。

―――― **TOEIC 重要単語の紹介**(問題から) ――――

market 市場

第18問

● 次の選択肢の中から正しいものを選びなさい。

The legal (　) involved in the trial was whether Mr. Nakamura was alone the inventor of the LED or whether it was the result of the corporate team.

Ⓐ incident

Ⓑ issue

Ⓒ effect

Ⓓ subject

【単語の意味】

legal [líːgl] ……………………法律の
involved in …………………～に関わる、～に巻き込まれる
trial [tráiəl]……………………裁判
alone [əlóun]…………………ただひとりの
inventor [invéntər] …………発明者

〈6　押さえておきたい単語・熟語〉 293

〈答え〉 Ⓑ issue

できたら…………○
できなかったら…×

〈解説〉

単語の問題です。「発行する、発行」という意味で頻繁に使われる「issue」という単語は、「問題」という意味の名詞としてもよく使われます。legalは法律のという意味なので、「legal issue」で「法的問題」という意味になります。簡単な問題です。

〈重要〉

「issue」は「問題」という意味で出題されたこともありますが、他にも「発行物」という意味があり、この意味で出題されたこともあります。また、同じ「発行する」でも雑誌や本以外に、「株式を発行する」という場合にも使われます。「株式を発行する」という意味の「issue」はパート(7)の読解問題で時々使われます。

〈問題文の訳〉

裁判になった法的問題は、中村氏のみが青色ダイオードの発明者なのか、それとも会社のチームがなしたことなのかということでした。

―――――― 押さえておこう、この単語 ――――――

「発行する、発行」という意味で頻繁に使われる「issue」という単語は「問題」という意味の名詞としてもよく使われます。また「発行物」という意味もあります。TOEIC重要単語のひとつです。

TOEIC重要単語の紹介(問題から)

legal 法律の	involved in ～に関わる、～に巻き込まれる
inventor 発明者	effect 効果

第19問

● 次の選択肢の中から正しいものを選びなさい。

The president had a dilemma because he wanted to increase the military budget, but at the same time he wanted to (　) the national deficit.

Ⓐ decline

Ⓑ alleviate

Ⓒ secure

Ⓓ detract

【単語の意味】

president [prézədənt] ……………………大統領
dilemma [dilémə]……………………………ジレンマ、板ばさみ
military budget ……………………………軍事予算
deficit [défəsit]………………………………赤字

〈答え〉 Ⓑ alleviate

できたら…………○
できなかったら…×

〈解説〉
単語の問題です。英文全体の意味を考えれば「軽減する、緩和する」という意味の alleviate しかありません。「貿易摩擦を緩和する」などのようにビジネス関連のニュースで頻繁に使われる単語です。また、「痛みを緩和する」などのように医療関連でもよく使われる単語です。セミナーや教室で解いてもらうとできない人が多いですが、2005 年 6 月の TOEIC テストで出題されました。ちなみに、Ⓐの decline は減少する、Ⓒの secure は守る、Ⓓの detract は減らす、という意味の単語です。最近の TOEIC テストはすべてのパートにわたって、ビジネス関連の内容が増えています。単語の問題も例外ではありません。高得点を狙う場合、最後にクリアーしなければならないのが単語の問題です。900 点を取ろうとひたすら難問/奇問を解いている人がいますが、900 点に達しないのはおそらく単語問題で落としているからだと思います。「英語はかなりできるけれど経済関連の語彙を知らない」という人も思いのほかいらっしゃいます。英字新聞の経済記事や自分が慣れた分野の企業のホームページに入り、英語で書かれたアニュアルレポートや業績関連の記事を読むなどして、経済や会計関連の用語に触れるようにしましょう。

〈問題文の訳〉
大統領は、軍事予算を増額したい一方で、同時に国家赤字を減らしたいというジレンマに陥っていました。

――――――押さえておこう、この単語――――――
「alleviate」は「軽減する、緩和する」という意味で頻繁に使われる経済用語です。重要な単語です。

TOEIC 重要単語の紹介（問題から）

budget	予算	deficit	赤字
decline	減少する、減少	secure	守る

第20問

●次の選択肢の中から正しいものを選びなさい。

There were many schools to choose from and the high school student was confused as to which one he should choose, so his father advised him to rank the schools in order of (　).

Ⓐ height

Ⓑ preference

Ⓒ mention

Ⓓ precedence

【単語の意味】

confuse [kənfjúːz]	混乱する、惑う
as to	～に関して
rank [ræŋk]	並べる、評価する

〈6 押さえておきたい単語・熟語〉 **297**

〈答え〉 Ⓑ preference

できたら…………○
できなかったら…×

〈解説〉

単語の問題です。単語の問題は英文全体の意味を考えなければなりません。英文を読んでどの選択肢であれば意味が通じるかを考えます。「in order of 〜」は、「〜順に」という意味の慣用句です。何の順番にかを考えればⒷの preference（好み、優先傾向）しか残りません。

単語の問題は、英文全体を読まなければならないので他の問題に比べると解答に時間がかかります。

2年以上公開 TOEIC テストを受け続けていますが、意外にもこの単語は2年で2回出ました。「in order of preference」で覚えておけばいいでしょう。

〈問題文の訳〉

学校数が多くどの学校にすべきか選ぶのが難しくて高校生が困惑してしまったので、彼の父親は彼に、優先順位順にランク付けをするようにアドバイスをしました。

―――――― 押さえておこう、この熟語 ――――――

「in order of 〜」で、「〜順に」という意味の慣用句なので、「in order of preference」だと「優先順位順に」という意味になります。

TOEIC 重要単語の紹介(問題から)
confuse 混乱する、惑う　　mention （〜であると）言う

298

第21問

●次の選択肢の中から正しいものを選びなさい。

Before I make my will, I must ( ) the expertise of a lawyer, an accountant and a financial specialist.

Ⓐ attempt

Ⓑ seek

Ⓒ offer

Ⓓ make

【単語の意味】

will [wíl] ……………………………………………遺言(状)
lawyer [lɔ́iər] ……………………………………弁護士
accountant [əkáuntənt] ………………………会計士
specialist [spéʃəlist] ……………………………専門家

〈6 押さえておきたい単語・熟語〉 299

〈答え〉Ⓑ seek

できたら…………○
できなかったら…×

〈解説〉

単語の問題です。空欄の後ろの「expertise（専門知識）」の意味がわかれば、すぐに動詞の「seek（求める）」が選べます。「expertise」は少しインテリ英語／専門英語ですが重要な単語です。「seek expertise（専門知識を求める）」は覚えておくと使える表現です。2年以上公開 TOEIC テストを受け続けていますが、この問題のように「seek expertise」で seek を選ばせる問題以外にも、「expertise」を選ばせる問題としての出題もありました。TOEIC テストを作成している ETS はフォーマルな英語やインテリ英語が好きです。わかりやすく言えば、大手のアメリカ企業でインテリのビジネスマンが使いそうな英語と考えればいいと思います。その意味では、普段からきちんとした言い方を覚えるようにするといいと思います。

〈問題文の訳〉

遺言状を作成する前に、私は弁護士、会計士、金融の専門家の専門知識を求めなければなりません。

―――――― 押さえておこう、この単語 ――――――

「expertise」は「専門知識」という意味の単語です。「seek expertise」で「専門知識を求める」という意味になります。expertise は少し難しいですが重要な単語です。

―― **TOEIC 重要単語の紹介**(問題から) ――

will 遺言(状)　　　　　　lawyer 弁護士
accountant 会計士　　　　specialist 専門家
expertise 専門知識　　　　offer 提供する

第22問

●次の選択肢の中から正しいものを選びなさい。

In the (　　) mayoral election, both candidates enjoy high rates of popularity, so the results will be close.

Ⓐ futurity

Ⓑ ahead

Ⓒ waiting

Ⓓ upcoming

【単語の意味】

mayoral election……………………………市長選挙
candidate [kǽndədèit]……………………候補者
popularity [pùpjəlǽrəti]…………………人気
close [klóus]…………………………………接近した

〈答え〉 Ⓓ upcoming

できたら………○
できなかったら…×

〈解説〉
単語の問題です。upcoming は「もうすぐやって来る、今度の」という意味です。知らない人が多い単語ですが、英語、特にビジネスではよく使います。「upcoming」は重要な単語なのでここで覚えましょう。

〈参考〉
公式ガイド＆問題集のリスニングセクションにも「upcoming acquisition（今度の買収）」という表現があります。「公式ガイド＆問題集」のリスニングセクションに出てくる単語が、リーディングセクションのパート(5)の語彙問題として出題されることが少なからずあります。「公式ガイド＆問題集」を使ってリスニングの練習をする際には、使用されている単語にも注意を払いましょう。

〈問題文の訳〉
今度の市長選では、両方の候補者とも高い人気を集めているので結果は接戦でしょう。

———— 押さえておこう、この単語 ————
「upcoming」は「もうすぐやって来る、今度の」という意味の形容詞です。よく使われる単語です。

TOEIC 重要単語の紹介(問題から)

candidate 候補者　　　　　close 接近した
ahead 前方に、先に

第23問

●次の選択肢の中から正しいものを選びなさい。

A charity donation was sent to the refugee aid committee on behalf (　) the company.

Ⓐ at

Ⓑ to

Ⓒ for

Ⓓ of

【単語の意味】

charity donation ……………………………慈善寄付金
refugee [rèfjudʒíː]……………………………難民
aid [éid] ……………………………………………援助、補助
committee [kəmíti] ……………………………委員会

〈答え〉 Ⓓ of

できたら…………○
できなかったら…×

〈解説〉

熟語の問題です。「on behalf of」は「~を代表して、~に代わって」という意味の熟語です。ビジネスの現場やスピーチなどで頻繁に使われる表現です。ビジネスでよく使われるため、このような熟語がTOEICテストでも取り上げられます。on behalf of ~は覚えておくと仕事で使えて便利です。

最近の公開TOEICテストで出題された熟語ですが、TOEICテスト改変後はパート(6)の手紙文やe-mail文の中で、問題として取り上げられることもあるのではないかと思います。

〈問題文の訳〉

会社を代表して、慈善寄付金は難民援助委員会に送られました。

――――――押さえておこう、この熟語――――――

「on behalf of」は「~を代表して、~に代わって」という意味の熟語です。ビジネスの現場でよく使われる表現です。

第24問

●次の選択肢の中から正しいものを選びなさい。

He decided to go to Europe with an economy class ticket after finding out that it would (　) half as much as a business class ticket.

Ⓐ take

Ⓑ expense

Ⓒ cost

Ⓓ price

【単語の意味】

find out ……………………………… 気がつく、知ってしまう
as much as ……………………………… ～と同じ程度に

〈6 押さえておきたい単語・熟語〉 **305**

〈答え〉 ⓒ cost

できたら…………○
できなかったら…×

〈解説〉

単語の問題です。適切な意味の動詞を選ぶ問題です。
「費用がかかる」と言う場合には「cost」を使います。
expense は「費用、経費」という意味の名詞です。price には動詞もありますが、「…に値段をつける」という意味になります。

cost はビジネスでよく使います。cost は以前にも TOEIC テストのパート(5)で出題されたことがあり、またリスニングセクションでもよく使われる重要な単語の一つです。

〈注意〉

ここでは不正解の選択肢として使われていますが、「expense」もパート(5)で頻繁に出題される語彙です。expense の使い方も覚えておきましょう。

〈問題文の訳〉

彼は、エコノミークラスのチケットがビジネスクラスのチケットの半分の値段であることがわかってから、ヨーロッパへエコノミークラスで行くことに決めました。

―――― 押さえておこう、この単語 ――――

cost は「費用がかかる」という意味の動詞です。他に名詞としても使われ、名詞では「価格、費用、原価」などの意味があります。

TOEIC 重要単語の紹介(問題から)

find out	expense 費用、経費
気がつく、知ってしまう	

さらに得点UP!

——IPテスト、今の傾向——

　企業や大学など団体で受験するTCEICテストをIPテストと言います。IPテストを採用している企業は多く、特に大手メーカーの大半がこのテストを採用し、昇進などの基準の一つとして使っているようです。

　IPテストは、3〜4年前の公開TOEICテストを使っていると言われています。3〜4年前のTOEICテストの出題傾向や難易度を反映し、去年の秋までは、公開テストに比べ20点くらい高い点数がとれたようです。パート(5)で定番の文法問題の出題が多く、また、パート(7)での長文が公開テストに比べると比較的短く、内容も簡単なものが多かったからです。

　一方、リスニングセクションは、今の公開テストより読まれるスピードが少し速く、パート(3)や(4)で先読みしなければならない英文も長く、公開テストに比べ若干難しかったようです。

　そのIPテストが、去年の秋くらいから今の公開TOEICテストの傾向に変わったようです。最近では「IPテストを受けたけど難しかった」という声を頻繁に耳にします。

　IPテストは3〜4年前の公開テストですから、いつかは

さらに得点UP!

今の公開テストの傾向に追いつくわけで、それが去年の秋にやっと追いついたということなのでしょう。

今の公開テストのパート(5)は、語彙問題の出題が半分です。IPテストだけ受けている方にとっては「急に語彙問題が増えた」と感じ、難しく思えるのだと思います。

今のIPテストはレベル的には今の公開TOEICとほぼ同じか、IPテストの方が少し難しめくらいではないかと思われます。そのかわり、リスニングセクションは以前に比べ少し簡単になっているのではないかと思います。

親しい生徒から集めた意見を加味すると、IPテストのパート(5)と(6)は2年くらい前の公開テストの傾向、つまり2003年秋くらいの問題からの出題が多いようです。

公開テストでは、年々ビジネス関連の英文や語彙問題の占める割合が多くなっています。ですから遅れて実施のIPテストと公開テストでは、語彙問題には若干差があるとは思います。しかし、基本的におさえるべき箇所は同じではないでしょうか。

7

ここさえわかれば、新テストも怖くない

新パート6の攻略法

　新パート（6）は、少し長い英文が3題出題され、それぞれの英文に4つずつ空欄があります。

　全部で12問です。主に出題される英文の種類は、イーメール、手紙、記事、広告文などです。

　これらの英文は、従来のTOEICテストのパート（7）の長文読解で出題されていたような英文です。従来のTOEICテストの長文読解問題のような英文がパート（6）で出題される、と考えればいいのです。英文自体は堅いフォーマルな文章やビジネス関連の文章が大半です。その意味では日頃からフォーマルなビジネス系の英文を読んでおくといいと思います。

　空欄に入るのは主に語彙問題と文法問題です。従来のTOEICテストのパート（5）で出題されていた語彙問題や文法問題が長文の一部に入った形で出題される、と考えてください。英文は従来のTOEICテストのパート（7）、問題はパート（5）、ですから驚くことはありません。

　問題は、空欄が含まれている1文だけを読んで、語彙問題、文法問題として解けばいいもの、空欄が含まれている英文だけでなく、上下の英文も読んで、全体の文脈を考えて適切な語を選ぶもの、上下の英文とのかかわりから適切な接続詞を選ぶもの、などです。

　空欄が含まれている1文だけを読んで解く問題は、従来のパート（5）の問題と同じで簡単ですが、上下の英文、あるいは英文全体を読んで判断しなければならない問題は、時間を要します。語彙力、文法力、以外に速読力も求められます。

従来の TOEIC テストに比べ、パート (6) の問題数が減ったことで、全体の時間配分も変わります。新パート (6) は1問30秒で解くことを目安にしてください。全部で12問ですから6分でパート (6) を終らせることになります。パート (5) は今まで通り15分、パート (6) に6分、残り54分でパート (7) の長文読解問題を解くことになります。
　新 TOEIC テストからパート (7) の英文が長文化するため、この時間配分で解かなければパート (7) で問題を残してしまうことになりかねません。

第1問

Date: December 20, 2008
To: All Employees
From: John Richardson, Chief, Accounting Section
Re: Prepaid Cards

Commencing January 1st, the main employees' dining room and the coffee shops on the 10th, 12th, and 15th floors will no longer accept cash in (1　).

　　(A) payment　(B) paying　(C) payable　(D) paid

All employees will be given a prepaid card. The cards will be (2　) in denominations of $100, $200, and $500.

　　(A) offered　(B) certified　(C) issued　(D) received

After each employee selects a card, the debit will appear on his salary statement at the end of the month. The cards may be obtained at any time at the accounting office (3　) working hours.

　　(A) while　(B) in　(C) at　(D) during

Unfortunately, the vendors on the 1st floor lobby will not (4　) the prepaid cards.

　　(A) be accepted　(B) accepted　(C) accept　(D) accepting

【単語の意味】

- **commence** [kəméns] ············ 始める
- **no longer** ···················· もはや～ではない
- **denomination** [dinὰmənéiʃən] ·· 額面金額
- **statement** [stéitmənt] ········· 明細書、計算書
- **obtain** [əbtéin] ················ ～を手に入れる、取得する
- **vendor** [véndər] ··············· 売り手

〈解説と答え〉

1. 正解は (A) の payment です。
空欄の前は前置詞の in です。前置詞の後ろには名詞か名詞句がきます。名詞は (A) の payment だけです。payment は「支払い」という意味の名詞です。(B) の paying は「金の儲かる、支払う」という意味の形容詞、(C) の payable は「支払うべき、支払うことのできる」という意味の形容詞、(D) の paid は「支払済みの」という意味の形容詞と動詞 pay の過去形と過去分詞形です。「in payment」で慣用表現としてよく使われます。慣用表現として覚えておきましょう。

2. 正解は (C) の issued です。
issue にはいろいろな意味があり、それぞれの意味での問題や英文が出題されます。この英文は「発行する」という意味の動詞の issue が受け身形になっているので issued を入れれば正しい英文になります。他にも issue は名詞で「問題」「発行物」などの意味があり、頻繁に TOEIC に出題されます。

3. 正解は (D) の during です。
while も during も「〜の間に」という意味で期間を表します。while の後ろには節が、during の後ろには名詞か名詞句がきます。空欄の後ろには working hours という名詞句がきています。ですから during を入れれば正しい英文になります。長さがはっきりしている期間については「〜の間に」という意味で in も during も使えますが、working hours のように長さがはっきりしない期間の場合には during しか使えません。

4. 正解は (C) の accept です。
動詞の形を問う問題です。間に not が入っていますが not に惑わされないでください。助動詞の will の後ろには動詞の原形がきます。原形がきているのは (A) の be accepted と (C) の accept です。空欄の後ろに目的語の the prepaid cards があるので、受け身形は使えません。

〈問題文全文〉

Date: December 20, 2008
To: All Employees

From: John Richardson, Chief, Accounting Section
Re: Prepaid Cards

Commencing January 1st, the main employees' dining room and the coffee shops on the 10th, 12th, and 15th floors will no longer accept cash in payment.

All employees will be given a prepaid card. The cards will be issued in denominations of $100, $200, and $500.

After each employee selects a card, the debit will appear on his salary statement at the end of the month. The cards may be obtained at any time at the accounting office during working hours.

Unfortunately, the vendors on the 1st floor lobby will not accept the prepaid cards.

〈問題文の訳〉
差出日：2008 年 12 月 20 日
宛先：全従業員
差出人：経理課、課長、ジョン・リチャードソン
件名：プリペイドカード

1月1日から、従業員大食堂と10階、12階、15階のコーヒーショップでは支払いに現金が使えなくなります。全従業員にプリペイドカードが配られます。100ドル、200ドル、500ドルの額面のカードが発行されます。各従業員がカードを選んだ後で、月末の給与支払い明細に使用金額が記載されます。カードは勤務時間内にいつでも経理部で入手できます。あいにく、カードは1階ロビーの売店では使えません。

TOEIC 重要単語の紹介(問題から)

no longer もはや〜ではない
statement 明細書、計算書
issue 発行する
obtain 〜を手に入れる、取得する

第 2 問

Dear Mr. Julian Hudson

We thank you for your (5　) to City and Town magazine.
　　(A) purchase　(B) subscription　(C) receipt　(D) contract

We would like to let you (6　) that we have begun publication of a sister magazine devoted to travel.
　　(A) to know　(B) known　(C) know　(D) knowing

The new magazine will be called City and Town Travel. The first issue will be published next month and the price will be $10 payable by check or money order (7　) you want.
　　(A) which　(B) what　(C) whatever　(D) whichever

(8　) you wish to receive the magazine, please call our customer service department at 1-800-333-222. We await your kind consideration.
　　(A) Would　(B) Had　(C) Should　(D) Have

【単語の意味】

publication [pÀblikéiʃən] ……………発行、出版
devote [divóut] ………………………〜に専念する
issue [íʃuː] ……………………………発行物
consideration [kənsìdəréiʃən] ……熟考、よく考えること

〈7　ここさえわかれば、新テストも怖くない〉 **315**

〈解説と答え〉

5. 正解は (B) の subscription です。
全体を読めばヒントとなる単語があちこちにありますが、空欄が含まれている1文だけを読んだだけでも解ける問題です。magazine という単語がありますし、空欄の後ろは to になっています。「subscribe to ～」で「～を定期購読する」という意味で TOEIC ではいろいろなパートで頻繁に使われます。subscribe は動詞ですが、名詞の subscription(定期購読)を使うと、この英文のように「subscription to ～」になります。

6. 正解は (C) の know です。
空欄の少し前に使役動詞の let があり、それがヒントになります。「let + 目的語 + 動詞の原形」で「...に～させる」という意味になり英会話で頻繁に使う表現です。使役動詞は他にも make や have 関連の問題が出題されることがあります。使役の動詞の make や have が使われている場合、目的語に「人」がくるか「物」がくるかで動詞の形が変わります。動詞の形が問われます。復習をしておきましょう。

7. 正解は (D) の whichever です。
whichever は「どちらの～でも」という意味です。空欄の前の「by check or money order」と、後ろの「you want」をヒントに英文の意味を考えてください。正解の whichever にたどりつけるはずです。

8. 正解は (C) の Should です。
仮定法未来の英文です。仮定法未来は「もし万が一～したら」という意味になります。元の形は「If you should wish to ～」ですが、if を省略して後ろの形を倒置し、「Should you wish to ～」になっています。should で始まる仮定法未来の問題は、1年に一度くらいの割合で TOEIC テストのパート (5) で出題されている問題です。パート (5) で出題されてきたタイプの文法問題がパート (6) の問題として出題される可能性は高いので、パート (5) の勉強をすればパート (6) の勉強にもな

ります。

〈問題文全文〉

Dear Mr. Julian Hudson

We thank you for your subscription to City and Town magazine.

We would like to let you know that we have begun publication of a sister magazine devoted to travel.

The new magazine will be called City and Town Travel. The first issue will be published next month and the price will be $10 payable by check or money order whichever you want.

Should you wish to receive the magazine, please call our customer service department at 1-800-333-222. We await your kind consideration.

〈問題文の訳〉

ジリアン・ハドソン様

「シティーアンドタウン」を定期購読していただきありがとうございます。旅行専門の姉妹誌の発行を始めたことをお知らせします。新しい雑誌は「シティーアンドタウントラベル」という名前です。創刊号は来月刊行され、価格は10ドルで、チェックかマネーオーダーのいずれかでお支払いいただけます。この雑誌を購読なさりたい場合には、顧客サービス部 1-800-333-222 までお電話ください。ご検討いただけますようよろしくお願いいたします。

TOEIC 重要単語の紹介（問題から）

subscription 定期購読	publication 発行、出版
devote ～に専念する	issue 発行物
consideration 熟考、よく考えること	

〈7 ここさえわかれば、新テストも怖くない〉

第3問

Financial indicators have shown that prestigious banks are reluctant to make major corporate loans due to poor (9) on the part of leading manufacturers.

    (A) effect (B) performance (C) representation (D) sign

Economists predict that capital investment is (10) to increase in the 1st quarter of the new year due to rising profits in certain sectors.

    (A) expected (B) expecting (C) expect (D) expectation

(11), senior bank officials have shown an unwillingness to change their policy with regard to loans.

    (A) While (B) Yet (C) But (D) As

This can be (12) to the large percentage of insolvent corporations in basic sectors of the economy.

    (A) attribution (B) attributing (C) attribute (D) attributed

---

【単語の意味】

indicator [índikèitər] ……………経済指標
prestigious [prestí:dʒəs] …………名のある、一流の
reluctant [rilʌ́ktənt] ………………気が進まない、渋っている
manufacturer [mæ̀njəfǽktʃərər] 製造会社、製造メーカー
predict [pridíkt]……………………～を予測する
capital investment ……………設備投資
profit [práfət] ……………………利益
unwillingness [ʌnwílinəs] ………不本意、気が進まないこと
policy [páləsi] ……………………方針、政策
with regard to ……………………～に関しては
insolvent [insάlvənt] ………………支払い不能の、破産した

318

〈解説と答え〉

9. 正解は (B) の performance です。
空欄が含まれている1文を読めば意味が通るのは performance しかないということがわかります。performance は「業績、実績」という意味で、企業の IR 関連のレポートなどで頻繁に使われる重要な単語です。(A) の effect は「効果、影響」という意味の名詞、(C) の representation は「代表、代理」という意味の名詞、(D) の sign は「標識、兆候、署名」という意味の名詞です。

10. 正解は (A) の expected です。
「be expected to ～」で「～すると思われる」という意味の熟語で、ビジネス関連の英文や経済記事などで頻繁に使われます。空欄の直前の be 動詞 is と、後ろの to がヒントになります。be 動詞の後ろだからという理由で expecting を選ぶ人がいると思いますが、「be expected to ～」の形で覚えましょう。

11. 正解は (B) の Yet です。
パート (6) は空欄が含まれている英文1文だけを読めば解ける問題が多いのですが、この問題のように前の英文も読んでそのつながりを考えて空欄に入る単語を選ばなければならない問題も出題されます。読まなければならない英文の量が増える分、解答に時間がかかります。この問題では、前の英文と空欄が含まれている英文で逆のことを言っています。ですから反対の意味を表す副詞の Yet が正解になります。Yet は「しかし、けれども」という意味の副詞です。接続詞の But を選ぶ人が多いかと思いますが、but は、「But+(S + V), (S + V)」か「(S + V) but (S + V)」の形でなければ使えません。この英文の空欄に But を入れると「But+(S + V)」の形になり、正しい形にはなりません。

12. 正解は (D) の attributed です。
「A is attributed to B」で「A は B のせいである」という意味の熟語です。ビジネス関連の英文でもよく見かける表現です。同じ意味で「attribute A to B」という言い方もできます。ま

〈7 ここさえわかれば、新テストも怖くない〉 319

た、「A is attributable to B」も同じ意味です。

〈問題文全文〉

Financial indicators have shown that prestigious banks are reluctant to make major corporate loans due to poor performance on the part of leading manufacturers.

Economists predict that capital investment is expected to increase in the 1st quarter of the new year due to rising profits in certain sectors.

Yet, senior bank officials have shown an unwillingness to change their policy with regard to loans.

This can be attributed to the large percentage of insolvent corporations in basic sectors of the economy.

〈問題文の訳〉

主要銀行が、一部大手製造業の業績不振を理由に大型の企業融資を渋っているということを、財務指標は示しています。エコノミストは、利益が増加している部署があるため、新年度の第1四半期には設備投資は増えるだろうと予測しています。しかし、銀行の役員たちは融資に関する政策を変更したくないようです。これは基幹産業で倒産企業の割合が高いということによるものです。

TOEIC 重要単語の紹介(問題から)

prestigious 名のある、一流の
performance 業績
predict 〜を予測する
profit 利益
with regard to 〜に関しては

reluctant 気が進まない、渋っている
manufacturer 製造会社、製造メーカー
capital investment 設備投資
policy 方針、政策
insolvent 支払不能の、破産した

第4問

Staff Writer Wanted

The Sun Times located in Chicago, Illinois, seeks a staff writer for the (13　) of economic news journalist.
　　(A) deed　(B) function　(C) position　(D) labor

The (14　) applicant should have not only a BA but also expertise in the Asian economy and Chinese language ability.
　　(A) qualitative　(B) qualify　(C) qualified　(D) quality

Compensation will be adjusted to experience. Housing allowance, club memberships, home leave and medical insurance are (15　).
　　(A) enclosed　(B) entitled　(C) eligible　(D) included

Training will be at headquarters with a (16　) to Beijing after one year.
　　(A) transferee　(B) transferred　(C) transfer　(D) transferable

【単語の意味】

locate [lóukeit] ……………………位置する
seek [síːk] ………………………求める
applicant [ǽplikənt]………………応募者
expertise [èkspəːrtíːz]……………専門知識
compensation [kàmpənséiʃən] ……報酬、給与
adjust [ədʒʌ́st]……………………調整する、加減する
allowance [əláuəns] ………………手当
headquarters [hédkwɔ̀ːrtərz] ………本社

〈7　ここさえわかれば、新テストも怖くない〉　**321**

〈解説と答え〉

13. 正解は (C) の position です。
これは求人広告の英文です。求人広告で使われる、決まった単語や表現がいくつかあり、その一つが「apply for the position of ～」です。英語では、会社に応募するという言い方ではなく、「～のポジションに応募する」という言い方をします。この英文では apply for という表現は使われていませんが、この表現の「the position of ～」「～のポジション」という部分が使われていて空欄になっています。求人広告だということがわかれば、簡単に position が選べます。求人広告は他のパートでもよく出るので「apply for the position of ～」という表現で覚えておくといいでしょう。(A) の deed は「行為、行ない」という意味の名詞、(B) の function は「機能」という意味の名詞、(D) の labor は「労働」という意味の名詞です。

14. 正解は (C) の qualified です。
求人広告で必ず使われる表現に「qualified applicant（応募資格のある者）」があります。
TOEIC によく出る表現なので qualified applicant で覚えておくといいでしょう。qualified は「資格のある、適任の」という意味の形容詞です。空欄の後ろが applicant と名詞がきているので、空欄には名詞を修飾する形容詞が入ります。選択肢の中で形容詞は、(A) の qualitative と (C) の qualified だけです。qualitative は「性質上の」という意味の形容詞なので意味が通りません。(B) の qualify は「資格を与える」という意味の動詞で、(D) の quality は「質」という意味の名詞です。

15. 正解は (D) の included です。
空欄が含まれている 1 文を読めば、住宅手当、クラブのメンバーシップ、一時帰国手当、医療保険が含まれている、という英文にすれば意味が通るのがわかります。「含まれている」と言いたい場合には、include の受け身形にするか、形容詞の inclusive を使うかです。選択肢に inclusive はないので、included が正解となります。(A) の enclosed は動詞 enclose（同封する）の過去分詞、(B) の entitled は動詞 entitle（資格/権利を与える）の過去分詞、(C) の eligible は「適格の」という意味の形容詞です。

16. 正解は (C) の transfer です。
空欄直前は冠詞の a で、空欄直後には前置詞の to がきていま

322

す。冠詞と前置詞の間に入るのは名詞です。選択肢の中で名詞は (A) の「transferee（転任者）」と、(C) の transfer（転任、転勤）」だけです。(A) の transferee では英文の意味が通りません。(C) の transfer であれば英文の意味が通ります。transfer には「転勤する、転勤させる、乗り換える、(電話を) 転送する」という意味の動詞もあり、名詞、動詞ともに TOEIC テストによく出ます。

〈問題文全文〉

Staff Writer Wanted

The Sun Times located in Chicago, Illinois, seeks a staff writer for the position of economic news journalist.

The qualified applicant should have not only a BA but also expertise in the Asian economy and Chinese language ability.

Compensation will be adjusted to experience. Housing allowance, club memberships, home leave and medical insurance are included.

Training will be at headquarters with a transfer to Beijing after one year.

〈問題文の訳〉

スタッフライター募集
イリノイ州シカゴにあるサンタイムズ社は、経済ニュースのジャーナリストの職につくスタッフライターを募集します。応募資格があるのは、大学卒業者でアジア経済の専門知識を持ち、中国語のできる方です。報酬は経験に応じ調整されます。住宅手当、クラブメンバーシップ、一時帰国手当、医療保険が含まれています。本社で研修が行なわれ、1年後に北京に転任となります。

TOEIC 重要単語の紹介（問題から）

locate 位置する	seek 求める
expertise 専門知識	compensation 報酬、給与
adjust 調整する、加減する	allowance 手当て
headquarters 本社	transfer 転任、転送、乗り換え

〈7 ここさえわかれば、新テストも怖くない〉

索引 INDEX

本書で紹介している重要単語・熟語類を、アルファベット順に並べました。太字は「TOEIC重要単語」です。チェック欄□も利用して、学習のまとめ・単語の総整理などにお使いください。

A

- [ ] **abroad** 191
- [ ] **accident** 205
- [ ] **account for** 167
- [ ] **accountant** 045,299
- [ ] **accumulate** 107
- [ ] achieve a goal 027
- [ ] **adapt** 217
- [ ] **adjust** 321
- [ ] **admit** 023
- [ ] **advertise** 113,155
- [ ] **afraid** 197
- [ ] **ahead** 302
- [ ] aid 303
- [ ] ailing 161
- [ ] **aim** 161
- [ ] **allow** 241
- [ ] **allowance** 321
- [ ] alone 293
- [ ] alteration 021
- [ ] **amazed** 125
- [ ] ambassador 245
- [ ] **amount** 020
- [ ] **analysis** 037
- [ ] annualized rate 109
- [ ] **apologize** 045
- [ ] appeal 155
- [ ] appear 087
- [ ] **applicant** 239,321
- [ ] **application** 239
- [ ] **apply** 112
- [ ] **appoint** 245
- [ ] as much as 305
- [ ] as soon as 239
- [ ] as soon as possible 107
- [ ] as to 297
- [ ] ascribe 181
- [ ] assassinate 153
- [ ] **assemble** 289
- [ ] **auditorium** 289
- [ ] **authority** 021
- [ ] automobile industry 109

- ☐ average price 263
- ☐ **aware** 172

B

- ☐ bad loan 157
- ☐ **banking** 157
- ☐ base 277
- ☐ based on 049
- ☐ base-pay 095
- ☐ **be accompanied by** 248
- ☐ **be made up of** 181
- ☐ **be responsible for** 045,117,221
- ☐ be satisfied with 061
- ☐ **besides** 244
- ☐ **beyond** 244
- ☐ **bid for** 273
- ☐ **bill** 101,161
- ☐ **board of directors** 283
- ☐ boost 023,099,105,153
- ☐ borrowing cost 269
- ☐ budget 283,296
- ☐ burst 111
- ☐ **business contacts** 071

C

- ☐ calm down 205
- ☐ campaign 153
- ☐ **candidate** 301
- ☐ **capital** 023,071,273
- ☐ **capital investment** 318
- ☐ catch a cold 189
- ☐ **cause** 205
- ☐ **caution** 171
- ☐ **celebrate** 097
- ☐ cell phone 285
- ☐ central bank 247
- ☐ charity 019
- ☐ charity donation 303
- ☐ chemical company 241
- ☐ **circumstance** 123
- ☐ **clarity** 282
- ☐ clear 107
- ☐ **close** 301
- ☐ closely 115
- ☐ commence 312
- ☐ commercial bank 103
- ☐ **committee** 115,239,254,303
- ☐ **communicate** 199
- ☐ **compensation** 321
- ☐ **competent** 071,259
- ☐ **competition** 170
- ☐ **competitive** 211
- ☐ **complaint** 188
- ☐ **component** 149,159
- ☐ **concentrate on** 229
- ☐ **concern** 211
- ☐ condition 287
- ☐ **confuse** 297
- ☐ **consequence** 261
- ☐ **consider** 041

- ☐ **consideration** 315
- ☐ construction company 271
- ☐ consumer confidence 073
- ☐ consuming country 265
- ☐ contact 227
- ☐ contribute 209
- ☐ **convenient** 029
- ☐ core products 035
- ☐ **cost** 095
- ☐ CPA 141
- ☐ credit squeeze 161
- ☐ **creditor** 151
- ☐ **criticize** 277
- ☐ **current account** 031,177
- ☐ **customer** 083,155,171,217,275

D

- ☐ date 055
- ☐ **deadline** 061
- ☐ **debate** 177
- ☐ **debt** 151
- ☐ decade 127
- ☐ declare 247
- ☐ **decline** 067,133,155,167,296
- ☐ **defect** 187
- ☐ **deficit** 031,295
- ☐ delivery 055
- ☐ **demand** 078,103
- ☐ denomination 312
- ☐ departure date 287
- ☐ dependent upon 147
- ☐ **depositor** 023
- ☐ **determine** 058
- ☐ **develop** 271
- ☐ **devote** 315
- ☐ dilemma 295
- ☐ disappointingly 267
- ☐ **disclose** 129
- ☐ disclosure 157
- ☐ **discuss** 160
- ☐ diverse 272
- ☐ **dividend** 163
- ☐ **division** 079
- ☐ division chief 279
- ☐ document 029
- ☐ domestic 167
- ☐ domestic demand 077
- ☐ donate 019
- ☐ double 135
- ☐ download 037
- ☐ dramatically 127
- ☐ drastic 109,165
- ☐ **drop** 193
- ☐ **due** 249
- ☐ **duration** 287
- ☐ **duty** 241
- ☐ dysfunctional 247

E

- ☐ **earnings** 141,163,201

- [ ] earthquake 237
- [ ] **ease** 162
- [ ] **effect** 280
- [ ] **effective** 048
- [ ] **efficiently** 041
- [ ] **embassy** 059
- [ ] **employee** 241
- [ ] **encounter** 176
- [ ] **enthusiastic** 022
- [ ] enthusiastically 021
- [ ] **equipment** 207
- [ ] especially 265
- [ ] **establish** 072, 247
- [ ] evacuate 085
- [ ] evidence 107
- [ ] exact 157
- [ ] **examine** 115
- [ ] exceed 105
- [ ] excellent 199
- [ ] excess stock 107
- [ ] **exchange rate** 049
- [ ] excitement 223
- [ ] **executive** 173
- [ ] **expect** 139
- [ ] **expectation** 049, 105, 267
- [ ] **expense** 306
- [ ] **expertise** 300, 321
- [ ] exploratory 279

F

- [ ] **factor** 209
- [ ] **fare** 264
- [ ] **favorable** 049
- [ ] Federal Reserve Boards 157
- [ ] **fee** 105
- [ ] field of study 213
- [ ] **finance** 115, 284
- [ ] **financial** 087
- [ ] financial instrument 281
- [ ] financial support 093
- [ ] **find out** 305
- [ ] first quarter 075
- [ ] fixed cost 067
- [ ] **focus on** 225
- [ ] **forecast** 049
- [ ] foreign currency reserve 043
- [ ] forgiveness 151
- [ ] fourth quarter 105
- [ ] franchise 099
- [ ] free ticket 219
- [ ] **freight** 202
- [ ] **freight container** 201
- [ ] full year 039
- [ ] full-time employee 053
- [ ] **fund** 091, 145

G

- [ ] Gaza Strip 085
- [ ] gender 259

- [ ] general population 175
- [ ] **generous** 286
- [ ] give away 219
- [ ] give up 275
- [ ] **go bankrupt** 093
- [ ] graduate 137
- [ ] growing season 231
- [ ] **growth** 077, 109

H
- [ ] hamper 169
- [ ] **handicapped** 285
- [ ] **headquarters** 321
- [ ] hectic 189
- [ ] high-end 173
- [ ] hike 269
- [ ] household 081
- [ ] huge 133

I
- [ ] imbalance 177
- [ ] immediately 069, 131, 199
- [ ] impending 079
- [ ] **import** 031
- [ ] **improve** 047
- [ ] in reality 037
- [ ] indicator 318
- [ ] individual investor 281
- [ ] **industry** 211, 223
- [ ] inexpensively 199

- [ ] in-house 173
- [ ] initially 039
- [ ] **inquire** 176
- [ ] **inquiry** 203
- [ ] **insolvent** 318
- [ ] **instead** 251
- [ ] **insurance** 237
- [ ] intend to 071
- [ ] intense 169
- [ ] intensely 211
- [ ] **interest rate** 103, 269
- [ ] **introduce** 113
- [ ] **inventor** 293
- [ ] **inventory** 077
- [ ] investment instrument 103
- [ ] **investor** 087, 223, 282
- [ ] **involved in** 293
- [ ] **issue** 059, 195, 314, 315

J
- [ ] jet lag 191
- [ ] **job interview** 111

L
- [ ] labor cost 067
- [ ] labor market 137
- [ ] **lawyer** 299
- [ ] lease 207
- [ ] leasing 225
- [ ] **legal** 293

- ☐ licensed 051
- ☐ loan 115
- ☐ **locate** 321
- ☐ **loss** 139,211
- ☐ low-end 173

M
- ☐ machine tool 279
- ☐ make a purchase 195
- ☐ make a trip 279
- ☐ make payment 131
- ☐ **manufacturer** 169,318
- ☐ **manufacturing** 173,225
- ☐ **manuscript** 249
- ☐ margin 099
- ☐ **market** 143,291
- ☐ market condition 039
- ☐ **material** 061,079,213
- ☐ mayoral election 301
- ☐ **meaning** 200
- ☐ **means** 200
- ☐ **measure** 165
- ☐ **medicine** 261
- ☐ **meet the deadline** 249
- ☐ **mention** 298
- ☐ merchandise 083
- ☐ merchant 125
- ☐ merge 145
- ☐ merger 079
- ☐ military budget 295
- ☐ mounting 211
- ☐ multinational corporation 043

N
- ☐ nanotechnology 213
- ☐ narrow 143
- ☐ national government 175
- ☐ new employee 061
- ☐ new field 179
- ☐ new product 267
- ☐ **no longer** 312
- ☐ non-inflationary growth 057
- ☐ non-performing loan 129
- ☐ nuclear plant 117
- ☐ nuclear weapon 277

O
- ☐ **obtain** 312
- ☐ **occupy** 085
- ☐ **offer** 271,300
- ☐ **official** 117
- ☐ official interest rate 089
- ☐ operating profit 039
- ☐ operation 169
- ☐ **opportunity** 179
- ☐ **outlet** 099
- ☐ **output** 057,133,167
- ☐ outsourcing 159
- ☐ **overlook** 045

P

- [ ] **passenger** 285
- [ ] **penetration** 081
- [ ] pension 209
- [ ] **performance** 049,201,263,320
- [ ] personal consumption 167
- [ ] **personnel** 259
- [ ] pertinent 079
- [ ] **philosophy** 181
- [ ] **pick up** 101
- [ ] planning committee 253
- [ ] **plant** 047,149,241
- [ ] plunge 075
- [ ] policy 318
- [ ] political party 229
- [ ] **politics** 229
- [ ] poll 069
- [ ] popularity 301
- [ ] **position** 245,284
- [ ] potential 133
- [ ] **predict** 039,109,318
- [ ] prefer 227
- [ ] present 195
- [ ] presidency 135
- [ ] **president** 089,153,221,245,295
- [ ] **prestigious** 243,318
- [ ] previously 091
- [ ] price 193
- [ ] price competition 169
- [ ] principle 181
- [ ] **product** 067,155,173,187,217
- [ ] **production** 067,133,173
- [ ] **productivity** 047,057
- [ ] **profit** 104,105,169,179,318
- [ ] profit margin 143
- [ ] **progress** 223
- [ ] promise 163
- [ ] **promote** 033
- [ ] proposal 021
- [ ] **propose** 277
- [ ] prospective 227
- [ ] **prosperity** 280
- [ ] prosperous 273
- [ ] **protect** 203
- [ ] **public** 271,287
- [ ] publication 315
- [ ] **purchase** 083,135,207

Q

- [ ] **qualified** 239
- [ ] quarter 049,201

R

- [ ] **R&D** (research and development) 145,283
- [ ] rank 297
- [ ] rate 069
- [ ] **real estate** 103
- [ ] rebuild 237
- [ ] recapitalize 161

- [ ] **receipt** 131,195
- [ ] recent 269
- [ ] **recession** 133
- [ ] record high 223
- [ ] **recruit** 053
- [ ] **reduce** 095,099
- [ ] refugee 303
- [ ] **refund** 195
- [ ] **regarding** 287
- [ ] regional bank 023
- [ ] reign 097
- [ ] **reluctant** 318
- [ ] **remain** 171
- [ ] **renew** 087
- [ ] repay 023
- [ ] **replace** 083,187
- [ ] **request** 217
- [ ] **requirement** 217
- [ ] **restriction** 113
- [ ] **restructuring** 093
- [ ] **retail** 168
- [ ] retail sales 167
- [ ] **retire** 210
- [ ] retired people 209
- [ ] **review** 076,079
- [ ] revise 049
- [ ] **reward** 270
- [ ] **routine** 247
- [ ] run out of 149

S

- [ ] **sales** 027,075,221,267
- [ ] satisfaction 083
- [ ] **satisfy** 277
- [ ] seaboard 221
- [ ] **secure** 296
- [ ] **securities** 157
- [ ] **securities company** 111
- [ ] **security** 025
- [ ] **seek** 151,321
- [ ] semi-conductor 223
- [ ] separate 225
- [ ] serious 205,261,269
- [ ] **shortage** 265
- [ ] significant 209
- [ ] similar 123
- [ ] **sophisticated** 279
- [ ] **specialist** 299
- [ ] **spend** 267
- [ ] **stable** 073
- [ ] **standard** 247
- [ ] **statement** 312
- [ ] steal 171
- [ ] stem 211
- [ ] **step** 197
- [ ] **stock** 087,108,131
- [ ] **stock market** 105,223
- [ ] **strict** 157
- [ ] **structural** 165
- [ ] struggle 095

- subdivision 271
- **subscription** 317
- **subsidiary** 129
- **success** 181
- **suffer** 191
- **suggest** 021
- **supplier** 131, 159
- surprisingly 177
- **survey** 175
- sustain 057

T
- **tactics** 075
- target 253
- tax cut 177
- tax law 051
- **tax revenue** 051
- terms 287
- thereby 161
- **throughout** 265
- total amount 019
- toy 163
- track 111
- **train** 053
- **transfer** 259, 323
- trial 293
- triple 139

U
- **unemployment** 138

- unemployment rate 137
- **unqualified** 051
- unwillingness 318
- upward 049
- **utility** 280

V
- **vacation** 287
- **valid** 215
- **various** 159
- vendor 312
- virus 203
- **voluntary** 113

W
- **wait for** 275
- **warn** 039
- **warranty** 215
- waste 117
- watchdog body 157
- **will** 299
- **with regard to** 318
- **work experience** 243
- working capital 149
- working environment 147
- **worth** 263

1日1分レッスン！ TOEIC Test〈パワーアップ編〉

一〇〇字書評

切り取り線

購買動機（新聞、雑誌名を記入するか、あるいは○をつけてください）

- □ （　　　　　　　　　　　　　　　　　　　）の広告を見て
- □ （　　　　　　　　　　　　　　　　　　　）の書評を見て
- □ 知人のすすめで　　　　　　□ タイトルに惹かれて
- □ カバーがよかったから　　　□ 内容が面白そうだから
- □ 好きな作家だから　　　　　□ 好きな分野の本だから

●最近、最も感銘を受けた作品名をお書きください

●あなたのお好きな作家名をお書きください

●その他、ご要望がありましたらお書きください

住所	〒		
氏名		職業	年齢
新刊情報等のパソコンメール配信を 希望する・しない	Eメール	※携帯には配信できません	

あなたにお願い

この本の感想を、編集部までお寄せいただけたらありがたく存じます。今後の企画の参考にさせていただきます。Eメールでも結構です。

いただいた「一〇〇字書評」は、新聞・雑誌等に紹介させていただくことがあります。その場合はお礼として特製図書カードを差し上げます。

前ページの原稿用紙に書評をお書きの上、切り取り、左記までお送り下さい。宛先の住所は不要です。

なお、ご記入いただいたお名前、ご住所等は、書評紹介の事前了解、謝礼のお届けのためだけに利用し、そのほかの目的のために利用することはありません。

〒一〇一―八七〇一
祥伝社黄金文庫編集長　吉田浩行
☎〇三（三二六五）二〇八四
ongon@shodensha.co.jp
祥伝社ホームページの「ブックレビュー」
http://www.shodensha.co.jp/
bookreview/
からも、書けるようになりました。

祥伝社黄金文庫

1日1分レッスン！　TOEIC Test〈パワーアップ編〉

平成18年2月20日　初版第 1 刷発行
平成25年5月13日　　　第 10 刷発行

著　者	中村　澄子
発行者	竹内和芳
発行所	祥伝社

〒101 - 8701
東京都千代田区神田神保町 3 - 3
電話　03（3265）2084（編集部）
電話　03（3265）2081（販売部）
電話　03（3265）3622（業務部）
http://www.shodensha.co.jp/

印刷所	萩原印刷
製本所	ナショナル製本

本書の無断複写は著作権法上での例外を除き禁じられています。また、代行業者など購入者以外の第三者による電子データ化及び電子書籍化は、たとえ個人や家庭内での利用でも著作権法違反です。
造本には十分注意しておりますが、万一、落丁・乱丁などの不良品がありましたら、「業務部」あてにお送り下さい。送料小社負担にてお取り替えいたします。ただし、古書店で購入されたものについてはお取り替え出来ません。

Printed in Japan　　Ⓒ 2006, Sumiko Nakamura　　ISBN978-4-396-31395-1 C0182

祥伝社黄金文庫

中村澄子 『1日1分レッスン！ 新TOEIC Test』

最小、最強、そして最新！ 新テストに完全対応。受験生必携のベストセラーが生まれ変わりました。

中村澄子 『1日1分レッスン！ TOEIC Test 英単語、これだけ』

出ない単語は載せません。耳からも学べる、最小にして最強の単語集。1冊丸ごとダウンロードできます。

中村澄子 『1日1分レッスン！ TOEIC Test 〈ステップアップ編〉』

高得点者続出！ 目標スコア別、最小の努力で最大の効果。音声ダウンロードもできます。

中村澄子 『1日1分レッスン！ TOEIC Test 〈パワーアップ編〉』

「試験開始！」その直前まで手放せない。最小にして最強の参考書、今年も出ました！ 新テストに対応。

石田 健 『1日1分！ プレミアム英字新聞』

超人気シリーズが今年はさらにパワーアップ！ 音声サービスで、リスニング対策も万全。

石田 健 『1日1分！ 英字新聞 Vol.1～4』

超人気メルマガが本になった！ "生きた英語" はこれで完璧。最新英単語と文法が身につく。